Raus aus dem Hamsterrad

Der Autor

Walter Zimmermann ist Experte für Effizienz im Management und Vertrieb, sowie Hochschuldozent und Buchautor. Mit seinem Campus-Bestseller „Mach endlich, was du willst!" hat er neben den Businessthemen auch seine Kompetenz im Persönlichkeitsbereich unter Beweis gestellt. Durch seine Expertise im Bereich Effizienz weiß der Autor, dass Erfolg auch ohne ständige Überlastung möglich ist. Mit weniger Aufwand mehr erreichen, lautet die Devise. Denn, sich nicht im Hamsterrad zu verzetteln, sondern selbst wieder der „Bestimmer" über die eigene Zeit zu sein, wird mittlerweile immer häufiger zur Herausforderung. Zudem findet persönliche Weiterentwicklung in erster Linie dann statt, wenn wir bewusst handeln und nicht automatisiert durch den Allt ag hetzen.

Der Autor lädt Sie deshalb ein, aus dem Hamsterrad herauszugehen und sich bewusst auf die Reise zu machen:

Mehr Zeit – Mehr Erfolg – No Burnout!

Walter Zimmermann

Raus aus dem Hamsterrad

Mehr Zeit - Mehr Erfolg - No Burnout

Impressum

Die Ratschläge und Tipps in diesem Buch sind vom Autor sorgfältig geprüft und recherchiert, dennoch kann keine Garantie übernommen werden. Weder der Autor noch der Verlag können für eventuelle Nachteile oder Schäden, die aus den im Buch gegebenen praktischen Hinweisen resultieren, eine Haftung übernehmen. Ausprobieren auf eigene Gefahr!

Textredaktion: Walter Zimmermann
Korrektorat und Lektorat: Dr. Gotlind Blechschmidt
Umschlaggestaltung: Daniel Hölter
Bildnachweis: Alle Illustrationen stammen von Franz Hoegl
Coverbild Rückseite: Stephan Heinrich
Satz und Layout: Daniel Hölter
Druck und Bindung: AZ Druck und Datentechnik

ISBN 978-3-00-036787-8

1. Auflage: Dezember 2011

Besuchen Sie uns im Internet unter:
www.walterzimmermann.de

Inhalt

Inhalt

Inhalt

Einleitung

Wie sieht es aus mit Ihrer Zeit? Ich hatte bis vor einiger Zeit immer zu wenig davon. Es hat sich für mich zumindest ständig so angefühlt. Denn in Wirklichkeit können wir ja gar nicht zu wenig Zeit haben, weil wir an jedem 1. Januar exakt 31.536.000 Sekunden auf unser Zeitkonto gutgeschrieben bekommen. Eine ganze Menge und für jeden der gleiche Kontostand am Start. Es geht also mehr darum, was wir mit unserer Zeit anfangen. Denn jede Stunde werden dann 3.600 Sekunden von diesem Konto abgebucht. Da kann es schnell passieren, dass manch einem, der nach einer anstrengenden Silvesternacht spätnachmittags langsam die Augen aufschlägt, schon eine ganze Menge auf seinem Sekunden-Konto fehlt. Spaß beiseite – wer am Leben ist, hat Zeit! Wir sind Zeit. Ich bin Zeit. Und wenn wir eines Tages 70 oder 80 Jahre alt sind, dann werden wir zurückblicken und uns fragen: Wo ist sie denn geblieben, diese Zeit? Habe ich gelebt und habe ich ausreichend Zeit mit den Dingen verbracht, die mir wichtig waren? Für mich war es vor einiger Zeit notwendig, einiges zu verändern, damit ich mir diese Frage eines Tages mit einem guten Gefühl stellen kann. Wie sieht es bei Ihnen aus, sehnen Sie sich nach etwas mehr Zeit für sich und die wertvollen Dinge des Lebens? Dann ist es ja möglicherweise interessant für Sie sich auf die Suche zu machen, wo sie denn geblieben ist, diese Zeit? Das Verzwickte daran ist, dass wir uns manchmal gleichsam wie im „Hamsterrad" befinden und deshalb glauben, dass wir in unserer persönlichen, individuellen Lebenssituation gar keine andere Wahl haben.

Aus dem Grund kann es wertvoll sein, sich einmal aus diesem Hamsterrad herauszubewegen und dadurch einen anderen Blick auf die Dinge zu bekommen. Das Buch vermittelt viele Optionen, wie sich durch kleine und auch praktikable Veränderungen wesentliche Auswirkungen erreichen lassen. Wie aus Zeitnot – Zeitsouveränität wird. Wie man auch mit weniger Aufwand trotzdem erfolgreich ist. Diesen Weg, heraus aus dem Hamsterrad, finden Sie in diesem Buch beschrieben.

Ihr

Hinweis:
Ich möchte Sie kurz darauf vorbereiten, dass ich Sie in diesem Buch in einigen Passagen in der Du-Form ansprechen werde. Dies passiert, weil Sie wahrscheinlich in Ihrem inneren Eigendialog mit sich selbst auch per Du sind. Und aus dem Grund werden diese Du-Botschaften von Ihrem Unterbewusstsein besser angenommen. Sie gehen also nahtlos in Ihren inneren Dialog über und deshalb springe ich in manchen Bereichen zwischen Du und Sie hin und her.

Hinweis:
Ich gebe im Buch einige Hinweise, um der Krankheit „Burnout“ vorzubeugen. Wer jedoch Burnout in einem entsprechenden Stadium bereits hat, sollte professionelle Hilfe in Anspruch nehmen. Denn dieses Buch nimmt nicht für sich in Anspruch und ist auch nicht dazu gedacht, Burnout zu heilen.

Hinweis:
Nicht alle Tipps und Lösungsstrategien in diesem Buch werden für Sie komplett neu sein. Jedoch können Ihnen die Hamsterrad-Metapher und die daraus resultierenden Alltagsbeispiele bei der Verinnerlichung sehr behilflich sein. Dadurch erhöht sich die Wahrscheinlichkeit der Umsetzung in der Praxis um ein Vielfaches.

1

Wie ich mich im Hamsterrad ertappte

Als ich vor einiger Zeit mich und mein Leben mal gedanklich von außen betrachtet habe, fiel mir Folgendes auf: Ich habe ein gutes Leben! Ich habe Erfolg und finanziell läuft auch alles prima. Also im Grunde betrachtet ein wirklich gutes Leben. Aaaaber, bei genauerem Hinsehen fiel mir auch auf: Ich habe zwar beruflichen Erfolg und mir geht es gut, aber unterm Strich habe ich einfach viel zu wenig Zeit! Zeit für mich und mein Leben. Zeit für soziale Kontakte, auch zu wenig Zeit, mich um Freunde oder Familie zu kümmern. Und es fühlt sich auch nicht wirklich gut an, dass ich Arbeiten im Garten und am Haus schon seit Längerem vor mir herschiebe. Denn die Zeit, die ich mit meiner Arbeit verbringe, übersteigt eine 40-Stunden-Woche deutlich. Und Sie können sich vorstellen, dass bei alledem auch die Kinder oft zu kurz kommen. Ich saß also da und ließ diese Bilder vor meinem inneren Auge Revue passieren, da kam plötzlich diese innere Stimme: Stopp! Halt an, drück mal die Pause-Taste! Das, was Du hier machst, ist nicht das, was sich wirklich rundherum gut anfühlt!

Halt an, drück mal die Pause-Taste!

In meinen Seminaren beschäftige ich mich viel mit Erfolg und Effizienz. Und ich bin erfolgreich und effizient. Ich verdiene auch genug Geld, um ein wunderbares Leben zu führen. Und trotzdem, ich arbeite und arbeite, sitze viel zu häufig auch am Wochenende sowie abends im Büro. Weil ich unterbewusst angetrieben werde und glaube, es muss noch mehr sein. Doch das, was mir eigentlich fehlt, ist Zeit. Einfach nur Zeit! Zeit, um qualitativ wertvoll zu leben, in Ruhe ein Buch zu lesen,

genussvoll ein Glas Wein zu trinken. Oder einfach nur entspannt und ohne auf die Uhr zu sehen, Zeit mit den Kindern zu verbringen.

Was mir fehlt ist Zeit. Einfach nur Zeit.

Reiseroute: Raus aus dem Hamsterrad

Wenn Ihnen jetzt der eine oder andere Gedanke irgendwie bekannt oder vertraut vorkommt, wenn Ihnen ähnliche Situationen hin und wieder auch passieren, dann lade ich Sie gerne ein, sich mit mir gemeinsam auf die Reise zu machen, die Pause-Taste zu drücken. Zwischenzeitlich hat sich nämlich viel verändert in meinem Leben und ich verlasse das Hamsterrad regelmäßig und bewusst. Kommen Sie also mit auf diese Reise und finden Sie möglicherweise selbst auch Wege, sich so mancher Tretmühle bewusst zu werden, sich häufiger von außen zu betrachten, zu erkennen, was Sie unzufrieden macht. Denn nur so ergibt sich für Sie die Möglichkeit, bewusst Entscheidungen zu treffen und dann Veränderungen herbeizuführen.

... und zwar in den drei Hauptbereichen
unseres Lebens:

Beruf, Privatleben und der eigene Körper

Der Blick von außen – vom Automatismus zu Bewusstheit

Um Schritt für Schritt die Weichen so zu stellen, dass in Ihrem Alltag Erfolg und hohe Lebensqualität im Einklang sind, ist der Blick von außen ausschlaggebend. Also mal innezuhalten, drei Meter Abstand zu nehmen und sich objektiv von außen zu betrachten. Dieser Blick war für mich damals sehr wertvoll und ich habe dann innerhalb von sieben Wochen alles auf den Prüfstand gestellt, vieles entrümpelt und neu organisiert. Und ich kann Ihnen jetzt schon sagen: Es fühlt sich einfach gut an, mehr Zeit für persönliche Dinge zu haben und eine völlig neue Zeitsouveränität zu erleben.

Agieren statt Reagieren

Ganz einfach: agieren statt reagieren! Ein Schlüssel dazu war es, mit Automatismen aufzuräumen und sich bewusster zu fragen: „Was mache ich da?“ bzw. „Was passiert da gerade?“ Nur so habe ich gelernt: Ich muss nicht alles machen! Dazu aber gleich noch mehr in den folgenden Kapiteln.

Alles hat ein Ende, nur die Wurst …
(Wo sind eigentlich Anfang und Ende beim Hamsterrad?)

Wie ist das eigentlich mit diesem Hamsterrad? Wir alle kennen ja das Symbol: Wir treten und treten und haben das Gefühl, es hat sich dennoch nichts bewegt. Je schneller wir versuchen voranzukommen, desto mehr kommen wir ins Schwitzen und irgendwann geht uns die Puste aus. Letztendlich ist das Hamsterrad nichts anderes als eine Leiter, die rund ist. Und sobald wir eine

Sprosse treten, ist die nächste schon da. Wenn wir kräftiger treten, kommt die nächste Sprosse schneller und es ist einfach kein Ende in Sicht.

Wenn Sie kräftiger treten, kommt die nächste Sprosse schneller

Und wieso passt dieses Bild so gut zu uns als Mensch? Sobald wir dieses Hamsterrad einmal mit unserem Alltag vergleichen, fällt Ihnen möglicherweise auch auf, dass es hier große Zusammenhänge gibt. Stellen Sie sich mal vor, Sie befinden sich gerade mitten im Alltag, bringen gerade jetzt im Moment eine Aufgabe zu Ende und im Hinterkopf warten schon die fünf nächsten. Sie haben also gerade eine E-Mail geschrieben und könnten nun fertig sein, aber da warten schon die weiteren im Posteingang. Oder Sie haben gerade das Bad geputzt, aber in der Küche hat die Familie schon die nächsten Krümel verteilt. Zur gleichen Zeit warten schon die Freunde bei Facebook, Linkedin, Google+, Xing etc. Und schon sind wir in unserem persönlichen Hamsterrad angelangt: Wir haben die eine Sprosse getreten, aber es folgt auch schon die nächste in Form einer weiteren Aufgabe, von der wir dann glauben, sie sofort und noch heute erledigen zu müssen. Uns fehlt also häufig die Zeit, einmal gedanklich aus uns herauszugehen, zurückzublicken, uns von außen zu betrachten und zu fragen: Was habe ich da gerade gemacht, war das sinnvoll? In welcher Qualität habe ich das erledigt? War es überhaupt wichtig? Und so strampeln wir und strampeln wir – ohne dass ein Ende in Sicht ist.

Wir strampeln - ohne dass ein Ende in Sicht ist

Warum erleben wir dieses Hamsterrad möglicherweise heute stärker als noch vor einigen Jahren? Es gibt zwei wichtige Gründe dafür: Zum einen ist es so, dass wir heute wesentlich vielfältigere Kanäle der Kommunikation haben. Vor 20 Jahren hatten wir zu Hause ein

Telefon, eventuell einen Anrufbeantworter oder vielleicht noch ein Fax. Und wenn wir unterwegs waren, dann hatten wir unsere Ruhe. Wir kamen nach Hause, haben den Anrufbeantworter abgehört und vielleicht zwei Rückrufe gemacht. Heute haben wir zudem SMS, E-Mails, einen Chat, wollen auch noch bei Facebook oder Google+ up to date bleiben. Wir verfügen mittlerweile über ein unendliches Angebot an Kommunikationsmöglichkeiten und haben evtl. noch nicht gelernt, bewusst damit umzugehen.

Wir fragen defizitorientiert: Was fehlt mir noch?

Ein zweiter Grund könnte sein, dass wir häufig das Gefühl haben, immer mehr haben zu wollen. Wir brauchen einen besseren Fernseher, eine größere Wohnung oder den sportlichen Zweitwagen, und die sieben Kilometer Joggen reichen nicht – die anderen schaffen doch auch zehn Kilometer! Wir neigen dazu uns ständig zu fragen: Was fehlt mir noch? Wir richten also unsere Aufmerksamkeit häufig auf das, was wir noch gerne hätten, was uns fehlt, oder was wir uns wünschen. In der Psychologie nennt man dies „defizitorientiert".

Ist diese Defizitorientierung zu stark ausgeprägt, führt uns dies im Alltag zu einer unterschwelligen, aber anhaltenden Unzufriedenheit.

Durch diese Defizitorientierung erkennen wir oftmals nicht, dass wir möglicherweise schon alles haben, was wir für ein wunderbares Leben benötigen.

Die wirklich wichtigen Dinge besitzen wir

Wäre es nicht wünschenswert, eher „sein- bzw. habenorientiert" die Aufmerksamkeit darauf zu lenken, was wir bereits alles haben? Leitet uns dies vielleicht auf einen glücklicheren Weg und wir werden dadurch zufriedener? Lehnen Sie sich einmal zurück und überlegen Sie sich die Antwort auf folgende Frage: Besitzen Sie

nicht schon all die Dinge, die Sie wirklich benötigen? Die wirklich wichtigen Dinge haben wir oftmals schon und das Einzige, was fehlt, ist die Ruhe in uns, dies zu genießen. Was fehlt Ihnen denn in Ihrem Leben wirklich, um genussvoll zu leben? Möglicherweise haben Sie noch manche materielle Wünsche, aber glauben Sie, dass Sie das wirklich glücklich macht? Oder handelt es sich möglicherweise um Dinge, die nur vordergründig zum Glück verhelfen – oder belasten wir uns nur mehr dadurch? Wenn wir in uns gehen, werden wir sehr schnell merken, dass wir die wichtigsten Dinge im Leben gar nicht kaufen können. Zum Beispiel Liebe und ehrliche Freunde, Gesundheit und körperliches Wohlbefinden, sowie Selbstvertrauen und Souveränität. Und schon gar nicht Zeit. Ein sehr gutes Beispiel dafür ist Steve Jobs, der Mitbegründer des Unternehmens Apple. Als einer der reichsten Männer der Welt konnte er nicht gegen seine Krankheit ankämpfen und starb viel zu früh im Alter von 56 Jahren. Spätestens bei diesem Beispiel erkennen wir, dass wir weder Gesundheit noch Zeit kaufen können. Einer der größten Werte ist somit „Zeit". Ganz einfach, weil sie fließt und unwiederbringlich ist. Sie können sie also nicht festhalten, sondern nur wertvoll für sich nutzen. Ich selbst war vor Kurzem bei der Bestattung eines wunderbaren Menschen, der mit Anfang 40 viel zu früh aus dem Leben gerissen wurde. Auf seinen Sterbebildern stand ein Satz, der mich nachhaltig berührte. Und mich seither noch bewusster mit meiner Lebenszeit umgehen lässt.

Beispiel: Steve Jobs! Auch die reichsten Menschen der Welt können Zeit nicht kaufen

„... und wir glaubten,

wir hätten noch so viel Zeit."

Du hast gesucht.
Du hast alle Abzeichen
Du hast Therapien gemacht
Du hast Statussymbole
Du hast Wettbewerbe
gewonnen
Und all das, nur um
herauszufinden, dass
Du schon immer
angekommen warst.

– Unbekannt –

Das Leben ist keine Generalprobe!

Fassen wir also noch einmal zusammen: Es ist viel zu häufig so, dass wir uns in den viel zu schnellen Umdrehungen unseres Hamsterrades wiederfinden, das Gefühl haben, die Sprossen, die auf uns zu rasen, nicht mehr nehmen zu können, oder nur mit großer Anstrengung. Nichts können wir in Ruhe zu Ende bringen geschweige denn konstruktiv reflektieren. Dabei bleiben letztendlich nicht nur Sie selbst auf der Strecke, sondern auch der Beruf, die Familie, die Freunde und oftmals auch die Gesundheit. Und was uns dann am Ende eines jeden Tages einfach immer fehlt, ist die Zeit!

Aber was ist „Zeit" eigentlich? Zeit ist Dein Leben! Wenn wir uns für etwas Zeit nehmen, dann geben wir ein Stück von unserem Leben. Unwiederbringlich. Warum verwenden wir so viel Zeit auf Dinge, die uns womöglich gar nicht wirklich weiterbringen, die uns evtl. nur belasten, nur weil wir denken, dies tun zu müssen?

Zeit ist Dein Leben!

Wenn Zeit also Dein Leben ist, dann macht es Sinn, sich bewusst zu machen, dass das Leben eben keine Generalprobe ist. Für wen machen wir all das? Wofür „üben" wir denn? Was soll unser Ziel sein? Das Leben ist doch keine Übung, um sich auf etwas Besseres vorzubereiten oder zu trainieren! Nein, es ist Dein Leben! Und zwar hier und jetzt – live und in Farbe! Und dieses „Jetzt" ist vor allem:

Das Leben ist keine Übung

UNWIEDERBRINGLICH

Wie sieht es bei Ihnen aus?
Erwischen Sie sich auch hin und wieder mit Formulierungen wie:

Wenn ich dies erreicht habe, dann werde ich …
Wenn ich jenes erledigt habe, dann mache ich …
Irgendwann möchte ich unbedingt noch …

Aus „irgendwann" wird „nirgendwann"

Achten Sie darauf, dass aus den für Sie wichtigen Dingen in Ihrem Leben nicht aus „irgendwann" ein „nirgendwann" wird. Schon allein aus dem Grund macht es vielleicht Sinn, öfter mal die Pause-Taste zu drücken und zu sagen, „Hey, ich geh jetzt raus, raus aus meinem Hamsterrad!". Ich schaue mich mal von außen an und frage mich: Stelle ich mir mein Leben so vor? Will ich so leben? Ist dies meine Wunschvorstellung?Ich persönlich habe in der Zwischenzeit gelernt, viele von den Dingen, die ich irgendwann mal machen will, einfach jetzt zu machen. Wenn Sie dies mit wirklicher Entschlossenheit beginnen, werden Sie feststellen, dass manches davon wirklich sehr einfach ist. Es erfordert manchmal nur aufzustehen, etwas vermeintlich Dringendes einfach mal liegen zu lassen und etwas für sich zu tun. Meine Erfahrung dabei ist, dass am nächsten Tag die Welt nicht untergegangen ist, und das Leben sogar weitergeht. Treffen Sie am besten doch hier schon eine Entscheidung: Was ist es, was Sie jetzt nicht mehr länger vor sich herschieben werden, sondern es einfach machen? Es kann eine Kleinigkeit sein, wie ein Besuch in einer Therme, ein schöner Spaziergang oder ein Treffen mit guten Bekannten.

Will ich so leben?

Es geht nur darum, dass Sie erleben, dass es funktioniert! Also, was ist es, was Sie machen werden?

Was mache ich für mich?

____

____

____

2

Schritt in die Freiheit! Der Hamster lebt im Käfig

Unser Leben im „Automaten“

Wir sind uns manchmal gar nicht so bewusst, dass wir 99 Prozent von alledem, was wir tun, völlig automatisiert durchführen. Wenn Sie morgens am Frühstückstisch sitzen, haben Sie schon zig Dinge völlig automatisiert durchgeführt: Sie haben Ihren Wecker abgestellt, Sie sind zur Dusche marschiert, Sie haben sich angezogen. Machen Sie hierzu doch einfach mal einen kleinen Selbstversuch, kurz bevor Sie aus dem Haus gehen:

Sich den Automatismus bewusst machen

Welche Schleife binden Sie beim Schuhanziehen zuerst? Die rechte oder die linke? Werden Sie sich dieses kleinen Automatismus mal bewusst und versuchen Sie nun, es bewusst andersherum zu machen. Sie werden feststellen, dass kann plötzlich ganz schön kompliziert werden. Immer dann, wenn wir uns in einem Automatismus befinden, sind wir uns nicht wirklich bewusst, was wir gerade tun und wie wir es tun. Der Automatismus bindet die Schuhe – die Gedanken sind woanders. Diese alltäglichen Automatismen sind grundsätzlich wertvoll und wichtig, damit wir nicht ständig alles neu erlernen müssen. Wenn unser Leben aber ein einziger Automatismus ist, dann haben wir unser Leben nicht mehr bewusst in der Hand. Aus diesem Grund ist es sinnvoll, wieder mehr „Bewusstheit“ in die eigenen Handlungen zu bringen, also einen Weg zu finden, diesen Automaten hin und wieder anzuhalten.

Mehr „Bewusstheit“ in den Handlungen

Die Pause-Taste

Drücken Sie also einmal die Pause-Taste, treten Sie aus Ihrem Hamsterrad heraus und beobachten Sie sich von außen. Wenn Sie sich in einer entspannten Minute Ihre Reaktionen und Verhaltensweisen des Alltags bewusst machen, dann können Sie objektiv entscheiden. Würden Sie in gewissen Situationen dann immer noch so reagieren, wie Sie es getan haben? Wäre z. B. ein Streit nötig gewesen? Wäre Ihre Stimmlage bei einem „Fehler" des Kindes die gleiche gewesen? Hätten Sie wirklich noch mehr Überstunden gemacht? Oder hätten Sie tatsächlich Burger mit Pommes zu Mittag bestellt, wenn Sie sich selbst dabei beobachtet hätten? Hier wird unmissverständlich klar – der neue Schritt ist auf alle wichtigen Bereiche des Lebens anwendbar: im Beruf, im Privaten und bei unserer Gesundheit. Also, machen Sie den ersten Schritt, drücken Sie die Pause-Taste und erkennen Sie Ihren persönlichen Automatismus!
Das Ziel hierbei ist es, Bewusstheit zu erlangen.

Objektiv entscheiden

Was passiert denn, wenn wir die Pause-Taste drücken?

Wir können eine andere Bewusstheit erlangen. Und ich spreche hier nicht von Bewusstsein, sondern ganz ausdrücklich von Bewusstheit. Bewusstsein wäre mir an dieser Stelle zu ichbezogen, also der Fokus zu sehr auf die eigene Person beschränkt. Bewusstheit hingegen ist der Blick auf die gesamte Situation, er umfasst also auch die Auswirkungen auf mein Umfeld und möglicherweise langfristige Konsequenzen.

Die Auswirkungen auf mein Umfeld

Denn im einzelnen Moment betrachtet ist es ja möglicherweise gar nicht so dramatisch, zu viel zu arbeiten oder sich im Ton zu vergreifen. Doch wenn sich dies zu sehr häuft, entstehen vielleicht langfristige Folgen, die nicht mit meiner gewünschten Zufriedenheit einhergehen.

Wenn wir die Pause-Taste drücken, können wir uns einfach ruhig zurücklehnen und unser Handeln und die daraus entstehenden Auswirkungen reflektieren.

Deshalb sollten wir also immer mal wieder die Pause-Taste drücken, um uns im Hamsterrad zu erkennen – mit anderen Worten: unseren Automatismus zu erkennen. Denn in dem Augenblick, in dem ich mich von außen betrachte, ergeben sich ganz andere Möglichkeiten. In diesem Moment können wir entscheiden: Machen wir da weiter oder ist das unter Umständen ein ungünstiger Weg? Gibt es vielleicht eine bessere Alternative? Würde eine andere Verhaltensweise mehr meiner eigenen Wunschvorstellung entsprechen? Ich denke, dass wir für all unsere Lebensbereiche und Situationen ein sogenanntes „Wunschverhalten“ in uns tragen, d. h. in einer relaxten Minute wissen wir, wie wir auf gewisse Dinge reagieren wollen. Sind wir jedoch zu sehr vom Alltag getrieben (und unser Hamsterrad dreht sich dann mit Hochgeschwindigkeit), gelingt es uns oftmals nicht, uns dementsprechend zu verhalten.

Gibt es vielleicht eine bessere Alternative?

Der „Leiterblick“ und seine unendlichen Optionen

Um in unserem Bild zu bleiben: Mit der Pause-Taste halten wir das Hamsterrad an und erst, wenn das Rad steht, können wir gefahrlos aussteigen. Sie würden ja auch nicht aus einem fahrenden Zug springen! Also anhalten und jetzt: „Raus aus dem Hamsterrad!“

Wie daraus nun neue Optionen entstehen, möchte ich Ihnen mit einem neuen Bild verdeutlichen: Wie bereits beschrieben, ist das Hamsterrad eine Art Leiter, die rund ist. Stellen Sie sich nun vor, wir würden dieses Hamsterrad an einer Stelle öffnen und zu einer Leiter aufbiegen. Zum einen ist es nun kein „unendliches Rad“ mehr, sondern eine Leiter mit Anfang und Ende. Des Weiteren können wir nun auf diese Leiter steigen und unsere eigene Situation von oben mit Abstand betrachten. Dazu ein kurzes Beispiel: Stellen Sie sich bitte vor, ein Erwachsener schimpft ein kleines Kind. Er brüllt es richtiggehend an, wie es im Alltag durchaus einmal vorkommt. Wenn diese Person nun genau in diesem Augenblick die Situation, und vor allem sich selbst, von außen betrachten könnte, wenn sie zudem sehen könnte, was durch dieses Verhalten in dieser zarten Kinderseele ausgelöst wird!? Ich frage Sie nun, würde diese Person dann weitermachen? Ich denke: NEIN! Und das ist für mich der entscheidende Punkt von Bewusstheit. In dem Moment, wenn wir uns von außen betrachten und von außen sehen, können wir entscheiden, ob wir da weitermachen möchten. Oder ist das unter Umständen ein ungünstiger Weg? Mit welchem Vorgehen oder Handeln würde ich günstigere Auswirkungen erzielen?

Das Hamsterrad zu einer Leiter aufbiegen

Mit welchem Vorgehen erziele ich günstigere Auswirkungen?

Welche besseren Alternativen gibt es oder kenne ich? All dies können wir nur erkennen, wenn wir die Perspektive wechseln und von „oben", von der Leiter aus, auf unsere Situation blicken. Dieser Leiterblick eröffnet uns in nahezu allen Lebensbereichen unendlich viele und neue Optionen.

Nachfolgend erhalten Sie praktische Beispiele für die drei wichtigen Lebensbereiche:

Beruf und Hamsterrad

Stellen Sie sich zum Beispiel vor, eine Führungskraft spricht mit einem Mitarbeiter und könnte in diesem Moment – von außen betrachtet – erkennen, wie es seinem Gegenüber dabei wirklich geht. Vielleicht steckt er die Kritik gerade nicht so gut weg. Möglicherweise ist die Art der Gesprächsführung nicht zielführend. Würde unter Umständen eine andere Vorgehensweise wesentlich mehr bewirken? Alle diese Optionen kann ich nur erkennen, wenn ich bereit bin, aus meinem Muster (Automatismus) auszusteigen und Handlungen, Auswirkungen und Reaktionen zu reflektieren. Häufig können wir mit nur einer kleinen Kurskorrektur einen erheblichen Unterschied im Ergebnis erreichen. Dies erkennen wir aber nicht, wenn wir unser Hamsterrad in „Höchstgeschwindigkeit" kurbeln und gar nicht wahrnehmen, welche Auswirkung durch unser Handeln gerade hervorgerufen wird. Sobald wir nämlich erkennen könnten, dass wir mit dem momentanen Weg nichts erreichen – würden wir dann wirklich weitermachen? Die Pause-Taste und der Leiterblick eröffnen also auch im Beruf völlig neue Möglichkeiten.

Mit einer kleinen Kurskorrektur bessere Ergebnisse erreichen

Mein privates Umfeld und das Hamsterrad

Wie will ich auf Personen wirken?

Wenn Sie mal an sich selbst und ihr privates Umfeld denken: Nehmen Sie hierzu als Beispiel Partner, Kind oder andere Menschen aus Ihrem sozialen Leben. Wenn sie es rückwirkend betrachten und Ihre Verhaltensweisen in manchen Situationen reflektieren, was kommt Ihnen dann in den Sinn? Gibt es Situationen, bei denen Sie im Nachhinein und von außen betrachtet sagen: Da hätte ich mit einem anderen Verhalten sicherlich mehr erreicht? Da hätte ich mit einem anderen Verhalten so gewirkt, wie ich gerne auf diese Person wirken will? Da hätte ich mit einem anderen Verhalten meiner eigenen Wunschvorstellung mehr entsprochen? (Wir haben unterbewusst Vorstellungen, wie wir auf die eine oder andere Situation gerne reagieren wollen. Was nicht heißt, dass uns dies im Alltags-Automatismus immer gelingt.) Das Fatale an diesen „Hätte ich"-Fragen ist Folgendes: Wir sind ja grundsätzlich dazu in der Lage, uns anders zu verhalten und anders vorzugehen. Nur uns gelingt es nicht, wenn wir zu sehr in unserem Automatismus stecken, also in unserem Hamsterrad gefangen sind. Wenn Sie hierzu eine Lösung suchen, werden Sie diese nach und nach im Buch finden.

Der eigene Körper und das Hamsterrad

Bei unserem Körper ist die Sache mit dem Automatismus und das darauf folgende Wahrnehmen von Auswirkungen noch wesentlich verzwickter. Hier haben wir nämlich die Situation, dass die Auswirkungen in manchen Bereichen mit einer extremen Zeitverzögerung

eintreten. Sie kennen es wahrscheinlich, wenn Sie nach längerer Pause mal wieder Sport treiben und Muskelkater bekommen. Aber wann haben Sie den Muskelkater? Nicht nach fünf Minuten, nicht nach einer Stunde, sondern erst am nächsten oder übernächsten Tag. Bei unserem Beispiel aus dem privaten Umfeld erkennen Sie sofort, wenn das Kind zu weinen beginnt. Ihr Körper aber lässt sich Zeit mit den Auswirkungen. So gesehen ist der Muskelkater noch eher einer der schnelleren Anzeichen. Denn wenn jemand über Jahre hinweg seine Leber mit relativ viel Alkohol „feucht" hält, dann verspürt er die Auswirkung erst nach Jahren. Wenn wir unseren Körper über Jahre hinweg vor allzu viel Bewegung (im Volksmund auch „Sport" genannt) schonen, bildet sich nicht nur die Muskulatur zurück, sondern reduziert auch der Stoffwechsel seine Aktivität. All dies kann natürlich langfristig auch Folgeerscheinungen hervorrufen. Wenn wir uns jedoch im Alltag an einen gewissen Rhythmus gewöhnt haben, was Ernährung bzw. Bewegung (oder Nichtbewegung) angeht, dann befinden wir uns auch hier in einem Automatismus. Nur bei unserem Körper kommt noch hinzu, dass er sich sogar daran anpasst und uns für den Moment vorgaukelt, es sei alles okay. Was aber nicht heißt, dass die Folgen ausbleiben. Deshalb ist es hier möglicherweise besonders interessant, sich auch hier einmal von außen zu betrachten und sich die Frage zu stellen: Welchen Ursachen setze ich mich täglich aus? Beispiele und Wege hierzu finden Sie im Laufe des Buches noch einige.

Ihr Körper lässt sich Zeit mit den Auswirkungen

„Quäle Deinen Körper, sonst quält er Dich!“

Anhand dieser praktischen Beispiele aus unseren drei wichtigen Lebensbereichen erkennen wir, dass uns dieser Automatismus durch unser komplettes Leben begleitet. In uns läuft ein Automat! Und in diesem Moment, gerade jetzt, befinde ich mich in meinem Hamsterrad. Ich trete die Sprosse und schon ist da die nächste und die nächste und die nächste. Ich habe keine Bewusstheit über das, was ich gerade tue und damit auslöse. Holen Sie sich nun eine Situation aus Ihrem Leben in den Sinn, welche Sie gerade nicht ganz zufriedenstellt. Und schauen Sie nun in Ruhe von außen auf diese Situation. Von oben, aus drei Metern Abstand. Versuchen Sie nun bewusst, die anderen Personen wahrzunehmen. Achten Sie bewusst darauf, aus welchem Grund gewisse Dinge passieren und warum sich Perso-

nen möglicherweise so verhalten, wie sie es tun. Welche Faktoren fließen in diese Situation mit hinein? Ich empfehle Ihnen die folgende Übung durchzuführen. Durch diese Übung erlangen Sie relativ schnell Klarheit, können komplexere Situationen schneller erfassen und eigene Überlegungen und Verhaltensweisen bewusster reflektieren. Vielleicht erkennen Sie nun schon, ohne großen Aufwand, neue Optionen, wie Sie selbst durch eine evtl. Verhaltensänderung die Situation in eine von Ihnen gewünschte Richtung lenken können.

Welche Situation stellt mich derzeit nicht zufrieden?

____

____

Welche Personen sind mit davon betroffen?

____

____

Erkenne ich vom „Leiterblick“ aus, warum sich diese Personen evtl. so verhalten, wie sie es tun, oder die Situation sich so entwickelt?

____

____

____

Mit welchen neuen Verhaltens-oder Vorgehensweisen kann ich Situationen in eine andere Richtung lenken?

____

____

____

____

____

SCHMUTZ!

… also, was bringt es Dir, die Pause-Taste zu drücken? Es ist der Weg, um aus dem Automatismus auszusteigen und Bewusstheit zu erlangen. Wir sind zu 99 Prozent in unserem Automaten drin und der Leiterblick ermöglicht es, uns von außen zu betrachten. Dies verschafft eine andere Souveränität und Klarheit für so manche Lebenssituation. Diese Bewusstheit ist zugleich der Weg für persönliche Weiterentwicklung, zu persönlicher Veränderung. Letztendlich können wir uns lediglich dann entwickeln, wenn wir darüber Bewusstheit erlangen, was wir gerade tun und was durch unser Handeln entsteht.

Dies verschafft Souveränität und Klarheit

Ein weiterer Vorteil besteht darin, dass Komplexes überschaubarer und beherrschbarer wird. Wir erlangen mehr Klarheit und Überblick in einer ständig komplexer werdenden Welt.

Die Komplexität, die uns umgibt, ist in der Gänze sowieso längst nicht mehr beherrschbar. Nicht nur im Job, sondern auch in unserem Privatleben umgibt uns ein Dschungel von Optionen. Was ist der günstigste Handytarif? Wie finde ich das beste Urlaubsschnäppchen? Das ideale Fitnessstudio? Die beste Frühförderung für die Kinder? Durch diese unendliche Zahl an Optionen steigt parallel der Zwang sich entscheiden zu müssen und es entsteht das Gefühl, nicht mehr hinterherzukommen und Schritt halten zu können. Verabschieden Sie sich davon, alles im Griff haben zu müssen. Es lässt sich in fast allen Bereichen mit der zweit- und drittbesten Möglichkeit traumhaft leben. Vorausgesetzt: Man findet die Ruhe in sich. Denn dies ist letztendlich viel entscheidender für ein entspanntes Leben.

Der Zwang sich entscheiden zu müssen

Es geht nicht darum, Komplexität in der Gänze zu beherrschen – es geht darum, damit umgehen zu können, diese nicht zu beherrschen.

Bin das ICH?

Sie sehen also, es gibt viele Gründe, um die Pause-Taste zu drücken und etwas Entschleunigung ins Leben zu bringen. Eine Sache ist aus meiner Sicht dabei die wichtigste und wertvollste: In dem Augenblick, in dem ich Bewusstheit erlange, in dem Moment, in dem ich aus meinem Hamsterrad aussteige, habe ich eine größere Chance, meinem eigenen Wunschverhalten zu entsprechen.

Die Chance, meinem eigenen Wunschverhalten zu entsprechen

Wie bereits erwähnt, glaube ich, dass die meisten Menschen für verschiedene Lebenssituationen gewisse Wunschvorstellungen über ihr Verhalten und Handeln haben. Dies aber im Alltag umzusetzen, ist mit Sicherheit eine der größeren Herausforderungen unseres Lebens. Oftmals sind wir so unter Druck, dass uns in diesem Moment die Komplexität der Folgen und Auswirkungen unseres Handelns nicht bewusst ist.

Denn wenn ich in meinem Automaten bin, mache ich Dinge, welche ich, wenn ich mich von außen betrachtet hätte, gar nicht mehr so handhaben würde. Und das ist der Unterschied zwischen Handeln im Automaten und Bewusstheit. Das heißt also, in dem Moment, wenn ich mich von außen betrachte, kann ich mir eine ganz entscheidende Frage stellen – die Leitfrage für dieses Thema: Bin das ich? Ist das mein Wunschverhalten?

Entspricht dieses Verhalten meinen Werten? Entspricht es meinem Anspruch? Entspricht es meiner Vorstellung des Lebens? Diese, meines Erachtens entscheidenden Fragen kann ich mir nur außerhalb des Hamsterrades stellen. Und nur anhand dieser Fragen und einer kritischen Reflexion erlange ich nachhaltige Veränderungen in die gewünschte Richtung.

Sollte ich bei diesen Fragen feststellen, dass das, was hier gerade passiert, nicht mir und meiner Vorstellung des Lebens entspricht, dann muss ich daran etwas ändern. Dann sollte ich zuerst einmal das Tempo aus meinem Hamsterrad nehmen und mein Leben entschleunigen. Dann kann ich mir in Ruhe über die Schulter sehen, Bewusstheit erlangen und etwas ändern – meine Lebens-Situation neu gestalten.

Beim „Gestalten" ist es von enormer Wichtigkeit, dies in kompletter Selbstverantwortung in die Hand zu nehmen. Selbstverständlich kann ich mir jederzeit Hilfe von außen hinzuholen, jedoch darf ich die Verantwortung nicht nach außen verlagern. Wir neigen häufig dazu, die Begründung für unsere Situation im Umfeld zu suchen. Z.B. „An meinem Stress ist mein Chef schuld" oder „Wenn ich nicht so im Stress wäre, dann würde ich ja auf die Kinder gelassener reagieren" bzw. „Wenn die anderen (Umfeld) nicht so kompliziert wären, dann käme ich ja besser klar". Mit diesen Ansätzen landen Sie schlichtweg im Nirwana, so finden Sie niemals eine Lösung.

Meine Lebenssituation neu gestalten

Ändere Dich – und die Welt um Dich ändert sich.

– Unbekannt –

Entscheidend, um nicht im Burnout zu enden

Zu der Thematik „Selbstverantwortung und Gestalten“ habe ich das Buch: „Mach endlich, was du willst! – Wie du dein Schicksal selbst in die Hand nimmst“ veröffentlicht. Aus diesem Grund werde ich hier nicht detailliert darauf eingehen, aber Fakt ist: Wir sollten uns eine klare Bewusstheit verschaffen, in welcher Situation wir welche Veränderungen erreichen wollen. Dies ist entscheidend, um nicht im Burnout zu enden. Denn wenn ich ständig Dinge tue, die nicht meinem eigenen Ich entsprechen, ist genau das der sichere Weg zum Burnout.

3

Du musst, Du musst, Du musst! Wirklich?

Entlarven Sie den zuverlässigen Beschleuniger

Das Hamsterradprinzip: Du musst! Im Hamsterrad gibt es dieses Prinzip „Du musst!". Du musst treten, sonst fällst Du auf die Schnauze. Das ist wirklich so. In dem Moment, wenn sich das Hamsterrad mal dreht, dann musst Du weitertreten, sonst fällst Du böse hin. Du musst, Du musst, Du musst. Wenn wir das mit unserem Leben vergleichen, ist dies in vielen Fällen ähnlich. Du musst noch die Mail beantworten, Du musst noch die Formulare ausfüllen, Du musst noch ins Fitnessstudio. Aber! – Was musst Du wirklich? Sie sollten über diese Frage mal BEWUSST, in aller Ruhe und gezielt, außerhalb des Hamsterrades nachdenken. Was musst Du wirklich? Überleg es Dir. Ganz genau genommen gibt es nur eines, was Du musst. Du musst irgendwann sterben. Und da ich hoffe, dass Sie dies im Moment nicht gezielt planen, können wir einmal klar feststellen, Du musst nichts! Gar nichts. Aber es kann sein, dass Du einiges willst. Nur ist es hierbei sehr wichtig, sich einfach mal bewusst zu machen, dass Du es nicht musst, sondern aus irgendeinem Grund, selber willst – das ist der erste Schritt. Das heißt also, Du selbst treibst das Rad an. Also kannst Du auch bestimmen, wie schnell es sich drehen soll und ob Du auch einmal eine Pause machst. Du selbst sagst Dir, dass Du noch keinen Feierabend machen kannst, weil das alles noch so wichtig ist! Aber Du kannst auch die treibende Kraft sein, um zu sagen: Ich muss nicht!

Was musst Du wirklich?

Du musst nichts!

Du bist der Motor

Du bist also der Motor, der das Hamsterrad sogar immer weiter beschleunigt. Dabei solltest Du aber nicht vergessen: Das Leben ist keine Generalprobe!

Es gibt in diesem Zusammenhang ein wunderbares Lied von Tim Bendzko, welches dieses „Ich muss“ auf eine sehr schöne Art beschreibt:

„Nur noch kurz die Welt retten“

Hier ein paar Ausschnitte aus dem Text :

- Muss nur noch kurz die Welt retten und gleich danach bin ich bei Dir
- Muss nur noch 148.000 Mails checken und gleich danach bin ich bei Dir
- Irgendwie bin ich spät dran, fang schon mal mit dem Essen an. Ich stoß dann später …

Manche verpassen Möglichkeiten, andere das Leben!

Das Leben ist jetzt! Wir sollten unser Hamsterrad immer mal wieder entschleunigen. Und wir sollten uns eines bewusst machen: Je mehr Dinge Sie haben, umso mehr haben die Dinge Sie. Wir wollen immer mehr und sehen dabei gar nicht, wie schön das ist, was wir bereits haben. Hier kommen wir wieder auf die Defizitorientierung zurück.
Ich habe durch meinen Beruf viel Kontakt mit Menschen. In den Coachings kommen immer wieder Leu-

te zu mir, die mehr im und vom Leben haben wollen. Oder auch einfach weniger Stress. Teilweise Menschen, die ganz, ganz viel erreicht haben, aber noch mehr wollen. Oder Sie rutschen in diese Falle zu sagen, „Ich habe mir immer ein Pferd gewünscht", und plötzlich sind Sie in der Situation, sich um Ihr Pferd kümmern zu müssen. Hören Sie sich mal in Ihrem Umfeld um, wie oft Sie solche Äußerung hören: „Ich muss noch ..." Dem nicht genug, und schon im nächsten Moment beginnen wir noch ein neues Hobby, oder noch eine neue interessante Sache. Und plötzlich wird es zu viel. Deshalb sei Dir bewusst: Du bist der Motor in Deinem Hamsterrad und Entschleunigung beginnt in Dir.

Entschleunigung beginnt in Dir

VEREIN

Viele empfinden, dass die Zeit heutzutage rast, wobei das ein subjektives Empfinden ist. Da wir oft mehr tun wollen als wir können. Zum einen kommt das durch Anforderungen, die man möglicherweise beruflich an uns heranträgt, zum anderen wollen wir manchmal auch keine Möglichkeit verpassen. Da sind eben noch das Pferd oder der Golfclub, die Geschäftsreise oder der Geburtstag. Wir dürfen nichts verpassen! Aber was verpassen wir denn eigentlich? Ich denke, wir sollten dabei aber aufpassen, dass wir unser Leben nicht verpassen. Denn wenn wir nur gehetzt von einem Termin zum anderen hecheln, wie bewusst nehmen wir dann unser Leben wahr? Wie genießen wir den einzelnen Moment? Wie viel schieben wir vor uns her, was evtl. wertvolle Lebensqualität bedeutet. Wie viel Zeit verbringen Sie bewusst mit „Lebensqualität"? Im Kapitel „Leben heißt sich spüren" gibt es dazu noch einige interessante Anregungen. Aber eines kann ich Ihnen schon an dieser Stelle empfehlen: „Heben Sie sich Ihre Träume nicht alle für später auf." Es spricht vieles dagegen, so mit dem Leben umzugehen. Und wenn wir die Dinge, die wir alle tun „müssen", mal genau betrachten, bringt uns vieles von dem, was wir tun, nicht unbedingt das, was wir uns erhoffen.

Was verpassen wir denn eigentlich?

Heben Sie Ihre Träume nicht für später auf

4

Ernüchterung! Das meiste, was Sie machen, bringt nichts

Schützenhilfe aus Italien

Vielleicht sagt Ihnen der Name Wilfredo Pareto etwas. Wilfredo Pareto war ein italienischer Ökonom und Soziologe und lebte bis 1923. Einem seiner entscheidenden Werke ist es zu verdanken, dass wir heute vom „Pareto-Prinzip“ bzw. der 80:20-Methode sprechen. Was steckt hinter dieser 80:20-Methodik? Wilfredo Pareto ist aufgefallen, dass überall dort, wo die Häufigkeit einer statistischen Wahrscheinlichkeit auftritt, nach einer gewissen Zeit eine Verteilung von 80:20 bzw. 20:80 zu erkennen ist. Als Erstes ist ihm aufgefallen, dass 20% der Bevölkerung eines Landes 80 % des Vermögens besitzen. Und das ist bis heute so. Ihm fiel in seinem Garten auf, dass 20 % der Pflanzen 80 % der Früchte trugen und wir können heute feststellen, dass ein Unternehmen mit 20 % seiner Produkte 80 % seiner Umsätze macht, dass 20 % der Unternehmen 80 % des Umsatzes einer Branche machen, dass wir mit 20 % der Kunden 80 % unseres Ergebnisses machen, dass wir mit 20 % der Kunden 80 % der Probleme haben. Diese Verteilung taucht überall auf und wir begegnen ihr auch in unserem Privatleben. Ich denke, dass ca. 20 % der Menschen, die wir kennen, wirklich die Menschen sind, die uns wichtig sind. Nur, inwieweit verbringen wir auch mit diesen Menschen unsere Zeit? Inwiefern nutzen wir diese Pareto-Erkenntnis für unsere Lebensqualität?

20 % der Menschen, die wir kennen, sind uns wirklich wichtig

Pareto wird uns in diesem Buch noch einmal begegnen, denn er zeigt uns auf, wo wir mit Zeit unbewusst

umgehen und wo wir sie mit Dingen verbringen, die uns nicht wirklich wichtig sind. Denn vieles, mit dem wir Zeit verbringen, hat wenig Wirkung. In Zahlen ausgedrückt bedeutet Paretos Regel, dass wir mit 80 % unserer Zeit nur 20 % des Erfolgs ernten. Und möglicherweise können wir das eine oder andere über Bord werfen, um Zeit zu gewinnen und damit in anderen Bereichen mehr Zufriedenheit zu erlangen.

Warum die Not-to-do-Liste wichtiger ist als Zeitmanagement

Wovon wollen Sie sich verabschieden?

Viele Menschen führen eine To-do-Liste. Vielleicht gehören Sie ja auch dazu, was aber im Moment gar nicht entscheidend ist. Denn was viel interessanter ist: Führen Sie auch eine Not-to-do-Liste? Haben Sie eine Liste für Dinge, die Sie eigentlich nicht mehr machen wollen? Wovon Sie sich verabschieden wollen? Sie können noch so viele Trainings besuchen oder Bücher über Zeitmanagement lesen, wenn Sie nicht in der Lage sind, sich von Dingen zu trennen. Wenn Sie sich von Unwichtigem nicht verabschieden, werden Sie niemals Zeit für sich haben.

Unser teuerster Sprachfehler

Das Wort „Nein"

Wissen Sie, das, was uns immer wieder ins Hamsterrad hineinzieht, ist ein Sprachfehler, den wir haben. Unser teuerster Sprachfehler ist, dass uns das Wort „Nein" nicht so leicht über die Lippen kommt. Und weil wir das Nein sagen zu häufig vergessen, würde ich Sie ger-

ne dazu einladen, gleich im Anschluss damit zu beginnen, sich nebenbei Ihre Not-to-do-Liste anzufertigen. Sie sollten ab sofort jeden Gedanken schriftlich festhalten, sobald Ihnen eine Idee in den Kopf kommt. Schreiben Sie auf, wovon Sie sich verabschieden möchten! Ich kann Ihnen eines sagen: Es wäre jammerschade, wenn nur eine einzige dieser wertvollen Ideen vergessen werden würde. Jeder einzelne Gedanke auf Ihrer Not-to-do-Liste kann zu einem ruhigeren und zufriedeneren Leben beitragen.

Not-to-do-Liste:

Was habe ich ab sofort nicht mehr?
Worauf kann ich verzichten, ohne dass es sich nachteilig auf mein Leben auswirkt?

Was mache ich ab sofort nicht mehr selbst, sondern übertrage es jemandem anderen?

Wo gibt es eine Möglichkeit, etwas zu vereinfachen bzw. die Komplexität zu reduzieren?

Und noch etwas: Üben Sie das Nein Sagen mal ganz aktiv in Ihrem Alltag! Zwingen Sie sich, drei Tage lang einfach erst einmal zu allem Nein zu sagen! Egal, worum Sie gebeten werden: Sagen Sie des Trainings willen einfach Nein! Sie werden sehen, dass man Sie deshalb nicht verstößt oder Sie als schrecklichen Menschen betrachtet. Allein das zu erleben, bedeutet bereits einen großen Schritt heraus aus dem Hamsterrad!

„Wer immer zuständig ist, ist ständig zu“

Wie Sie ein „charmantes" Nein sagen:

1. Erbeten Sie sich Bedenkzeit. Sagen Sie nicht sofort zu, sondern erbeten Sie sich eine gewisse Bedenkzeit. So können Sie in Ruhe überlegen, wie wichtig Ihnen die Sache ist. Vor allem aber wirkt dieses Nein nicht mehr so hart, wenn Sie es etwas verzögert aussprechen.

2. Spielen Sie mit der Stimme. Wenn Sie aus irgendwelchen Gründen doch sofort antworten wollen, gibt es folgende Möglichkeit: Sprechen Sie nicht sofort ein Nein aus, sondern seufzen Sie ein bedenkliches „Hmmmm" zuvor. Hiermit signalisieren Sie, dass Sie es sich nicht leicht gemacht haben.

3. Sagen Sie das Nein in einem höflichen Ton. Weder rechtfertigend, noch aggressiv sollte es herüberkommen. Höflich, aber klar in der Stimme.

4. Sprechen Sie Ihr Gegenüber am besten persönlich und mit Blickkontakt an. Es wirkt freundlicher und ist auch verbindlicher. „Herr XY, es ist schade, dass …"

5. Beginnen Sie positiv. Sie erreichen mehr Verständnis, wenn der Satz mit etwas Positivem beginnt. „Ich würde wirklich gerne, aber …“
„Ich wäre gerne eingesprungen, aber leider …“

6. Signalisieren Sie Wertschätzung. Bringen Sie zum Ausdruck, dass es Sie freut, dass man an Sie gedacht hat, aber …

7. Bringen Sie ein gewisses Bedauern zum Ausdruck. „Es tut mir leid …, das ist jetzt wirklich schade …“

8. Sie können auch ganz offen sein. Sagen Sie dem Gegenüber, Sie sind gerade dabei, Ihre Verpflichtungen zu reduzieren, weil Sie sich zu sehr im Hamsterrad befinden. Und im Moment arbeiten Sie daran, dass die Verpflichtungen weniger werden und haben entschlossen, derzeit nichts Neues mehr hinzuzunehmen.

9. Sie können sich über „Prinzipien“ helfen. In dem Moment, wenn Sie etwas prinzipiell nicht machen, fühlt sich Ihr gegenüber nicht persönlich abgelehnt.

10. Bringen Sie Verständnis ins Spiel. „Deine Bitte ist gut nachvollziehbar und ich kann das auch gut verstehen. Desto mehr finde ich es schade …“

Auf Dauer können Sie natürlich immer selbst entscheiden, wann Sie etwas annehmen wollen und wann Sie NEIN sagen. Machen Sie sich dabei aber intensiv bewusst, dass es bei jedem JA oder NEIN jeweils um Ihre Zeit geht, und somit um einen Teil Ihres Lebens. Denn die JA/NEIN-Antwort entscheidet darüber, ob Sie nun damit Ihre Zeit verbringen oder eben diese für etwas frei haben, was für Sie evtl. wertvoller ist. Ihr Leben, Ihre Lebenszeit, ist unwiederbringlich! Ich denke, allein dieses Bewusstsein verändert schon unsere Sensibilität und jetzt müssen wir nur noch danach handeln. Sobald Sie dies umsetzen, werden Sie plötzlich mehr Zeit haben. Was machen Sie nun mit dieser gewonnenen Zeit? In den folgenden Kapiteln habe ich da einige Anregungen für Sie.

Lebenszeit ist unwiederbringlich!

5

Angenehm, mein Name ist Hamster, Hugo Hamster. Darf ich mich kurz vorstellen?

Im Folgenden werden wir dieses Thema Bewusstheit und Automatismus, also „im Hamsterrad“ oder „raus aus dem Hamsterrad“ in den verschiedenen Lebensbereichen besprechen. Es geht darum, das Thema in den Alltag zu transferieren, damit es nicht bei der Theorie bleibt. Um Ihnen bei der Beobachtung von außen, mit den ganzen Möglichkeiten der Bewusstheit zu helfen, gebe ich Ihnen ein Bild mit auf den Weg: Stellen Sie sich einfach vor, auf Ihrer Schulter sitzt ein süßer kleiner Hamster. Ihr Freund. Nennen wir ihn der Einfachheit halber einfach Hugo. Hugo Hamster. Und Hugo Hamster hat immer wieder die Möglichkeit, von außen zu sehen, was Sie gerade machen. Möglicherweise wird er im Laufe dieses Buches sogar Ihr guter Freund! Der Ihnen immer wieder mal sagt: „Hey, hier von außen sieht es aber ganz anders aus, von hier erkenne ich eine Möglichkeit, wie Du das eine oder andere vielleicht verändern kannst. Ich kann Dir ein paar Tipps geben, wie es sich außerhalb des Hamsterrades anfühlt.“ Also machen Sie sich gemeinsam mit Hugo Hamster auf die Reise.

6

Leben heißt sich spüren – sich spüren heißt: NO BURNOUT

Glücklich und zufrieden leben

Wenn Sie Menschen nach Ihrem Lebensziel fragen, dann hören Sie zu einem sehr hohen Prozentsatz die gleiche Antwort: „Ich will glücklich und zufrieden sein.“ Was dieses im Individuellen dann bedeutet, ist sicherlich sehr unterschiedlich. Für den einen das Häuschen im Grünen oder der Sportwagen, für den anderen vielleicht das Urlaubsdomizil. Nur, was wir dabei vergessen, ist, dass dies zunächst mal irgendwelche Ziele sind. Wenn wir sie nicht erreichen, trauern wir ihnen hinterher; und wenn wir sie erreichen, dann lässt dieses tolle Gefühl durch die Gewohnheit irgendwann nach. Es macht uns also auch nicht dauerhaft glücklich und zufrieden. Eventuell jagen wir schon bald dem nächsten Ziel hinterher, auf der Suche nach dem „großen Glück“. Die wirkliche Zufriedenheit liegt dann wohl doch woanders. Die Psychologie hat heute eine relativ klare Vorstellung davon, was uns glücklich und zufrieden macht und diese Antwort ist sogar relativ simpel. Wir sind solange glücklich und zufrieden, solange wir das Gefühl von Wachstum und Entwicklung haben, oder bei anderen zu Wachstum und Entwicklung beitragen. Also Fortschritt in irgendeiner Form. Was heißt das auf unser Leben bezogen? Dies muss nicht jedes Jahr das höhere Einkommen sein, oder immer nur an irgendwelchen Erfolgen gemessen werden. Kennen Sie das Gefühl, wenn Sie mit irgendetwas neu beginnen und Sie dann nach einiger Übungszeit Fortschritte ma-

Die Suche nach dem „großen Glück“

Woher nehmen wir die Energie?

chen? Das kann Tennis, Skifahren, Surfen sein, oder auch Klavier spielen, Jonglieren, Tanzen oder sonstige Geschicklichkeiten ausführen. Selbst, wenn Sie in Ihrer Wohnung ein Zimmer neu streichen und dann davorstehen und die neue Farbe bewundern. Überall da spüren wir ein gutes Gefühl und zwar deshalb, weil etwas „nach vorne" ging, wir es miterlebt haben oder selbst daran beteiligt waren. Woher nehmen wir z. B. die ganze Energie für die Kindererziehung? Zum einen sind es selbstverständlich unsere „eigenen" Kinder, aber langfristig und von außen betrachtet, tragen wir hier ständig zu Wachstum und Entwicklung bei. Wissen Sie noch, wie Ihr Kind die ersten Schritte selbst lief oder wie es plötzlich Fahrrad fahren konnte? Und Sie haben voller Stolz dazu beigetragen. Dies gibt uns unendliche Energie und das Gefühl von innerer Zufriedenheit. Oder wie ist das mit den Trainern einer Schülermannschaft? Diese bekommen meistens kein Geld, investieren viel Zeit und bezahlen den Sprit zu den Wettkämpfen oft noch aus der eigenen Tasche. Woher nehmen sie alle die Energie? Es ist ein wunderbares Gefühl zuzusehen, wie sich die Jugendlichen entwickeln, besser werden, erste Wettkämpfe gewinnen und dabei wachsen. Ich selbst habe vor einiger Zeit einen sehr jungen Rennfahrer mental gecoacht. Als wir begannen, war er 19 Jahre alt. Mit 21 Jahren fuhr er bereits in der FIA-Tourenwagen-Weltmeisterschaft. Als er dann tatsächlich bereits im ersten Jahr auch seinen ersten Weltmeisterschaftslauf gewann, war es für mich ein so intensives, wunderbares Gefühl. Er kam aus Mexiko zurück und überreichte mir das Siegerfoto, auf dem geschrieben stand: „Danke Walter!" Können Sie

sich vorstellen, dass ich dabei eine Gänsehaut bekam? Ich habe dazu beigetragen, habe aber weder im Auto gesessen noch war ich vor Ort gewesen. Aber es war ein herrliches Gefühl, zu Wachstum und Entwicklung dieses jungen Mannes beigetragen zu haben.

Fortschritt und Entwicklung erleben

Wenn das Empfinden von Fortschritt und Entwicklung eine so hohe Bedeutung für Glück und Zufriedenheit hat, sollten wir uns damit auseinandersetzen, wie wir dieses Gefühl selbst regelmäßig empfinden können. Hier greife ich wieder zurück auf unsere Metapher mit dem Hamsterrad. Es ist nicht entscheidend, wie schnell Sie das Hamsterrad drehen. Gehen Sie mal in ein Zoogeschäft und beobachten Sie einen Hamster in seinem Laufrad. Sie werden sehen, egal wie schnell er strampelt, er kommt nicht vom Fleck, er ist immer auf der selben Stelle.

Nun wenden wir den Blick auf unser Leben: Wenn Ihnen Hugo Hamster jetzt über die Schulter sieht, gibt es Bereiche, bei denen Sie das Gefühl haben, dass Sie machen und machen und machen, aber es bewegt sich nichts? Dies kann sich auch wieder auf mehrere Bereiche des Lebens beziehen. Im Job machen wir und machen, aber es geht nichts nach vorne. Im Freundeskreis bin ich bemüht, aber finde keine Anerkennung. In der Partnerschaft, oder mit den Kindern, tröpfelt der Alltag so vor sich hin und man lebt nebeneinander her, aber nicht miteinander. Wenn Sie dieses Gefühl „Nichts geht voran“ in mehreren Bereichen empfinden, dann sollten Sie schleunigst etwas daran ändern.

„Nichts geht voran“

Ansonsten sind Sie früher oder später auch ein Kandidat für Burnout. Denn, wie bereits erwähnt, ist es so, dass Burnout nicht in erster Linie von zu viel Arbeit herrührt. Es gibt viele Leute, die extrem viel arbeiten, dabei aber keineswegs in Burnout-Gefahr sind. Ganz im Gegenteil, sie fühlen sich sogar angenehm gefordert und durch den sogenannten Eustress (wie der positive Stress genannt wird) werden sogar noch Glückshormone freigesetzt. Woher kommt dieses Gefühl? Es entsteht, wenn es uns gelingt, durch unser Handeln auch unsere erwarteten Ergebnisse zu erreichen. Was also bedeutet, dies zu „bewegen", was wir auch damit bewegen wollten. Fortschritt, Entwicklung, Wachstum, Ergebnisse. Wenn dies aber nicht eintritt, dann wird es aus psychologischer Sicht kritisch. Der Landwirt jedoch, der vor 100 Jahren zwölf Stunden auf dem Feld hart gearbeitet hat und am Abend sehen konnte, dass er ein „Tagwerk" mit eigenen Händen abgemäht hat, lief nicht die Gefahr ein Burnout zu erleiden. Bei vielen Tätigkeiten, die wir jedoch heute durchführen, ist häufig gar kein Ergebnis mehr sichtbar. Wenn Sie stundenlang irgendwelche Informationen in einen Computer hineinhacken, danach auf „Speichern" drücken und den Computer herunterfahren, passiert nichts Sichtbares. Schauen Sie sich den Computer oder den Arbeitsplatz an, es hat sich nichts Sichtbares verändert. Wenn Sie natürlich einen individuellen Text entwickelt haben, auf den Sie mächtig stolz sind, dann haben Sie schon dieses tolle Gefühl: „Ich habe etwas bewegt." Allerdings gibt es eben ganz viele Aufgaben, die uns kein Feedback vermitteln und das ist kritisch. Was sollten Sie tun?

Durch Handeln Ergebnisse erreichen

Sorgen Sie dafür, dass Sie Entwicklung und Fortschritt spüren!

Warum ist es so wesentlich, dass wir auch beruflich gesehen eine Entwicklung spüren wollen? Dass wir bei dem, was wir tun, ein Feedback erhalten? Es liegt in unserem tiefsten Naturell. Es gibt in der Psychologie dazu den Begriff: „Lustvoll im Vollzug der eigenen Möglichkeiten“.

„Lustvoll im Vollzug der eigenen Möglichkeiten“

Lassen Sie mich dies anhand eines Beispiels kurz beschreiben. Stellen Sie sich vor, Sie zeigen einem einjährigen Kind eine Spieluhr; Sie ziehen an der Schnur, damit Musik ertönt, und mit einer großen Wahrscheinlichkeit entsteht bei Ihrem kleinen Gegenüber ein freudiges Gesicht. Nun halten Sie die Spieluhr hin und lassen das Kind selbst an der Schnur ziehen. Jetzt sehen Sie kein freudiges, sondern ein rundherum strahlendes Gesicht. Das Gefühl „Ich habe die Musik in Gang gesetzt“, ist einfach ein komplett anderes und intensiveres. Dies beschreibt am besten die Bedeutung von „Lustvoll im Vollzug der eigenen Möglichkeiten“. Wenn Sie dies jedoch in Ihrem Berufsalltag nicht mehr spüren, dann haben Sie ein Problem.
Wie können Sie dieses Gefühl wieder bekommen, falls es verloren ging?

Da ich Ihre Situation nicht im Detail kenne, hier mal einige Anhaltspunkte die evtl. hilfreich sein können:

Prioritäten klären (mit dem Vorgesetzten oder für sich selbst)

Möglicherweise ist es in Ihrem Berufsalltag durch die Vielfalt der Aufgaben nicht einfach, die Prioritäten im Überblick zu behalten. Und bereits in diesem Moment beginnt ein gewisser Druck auf uns zu lasten, weil wir das Gefühl bekommen, alles erledigen zu müssen. Sollte dies bei Ihnen der Fall sein, dann machen Sie am besten sofort einen Schnitt. Verschaffen Sie sich einen Überblick darüber, was wirklich Priorität hat. Sollten Sie einem Vorgesetzten zuarbeiten, dann ziehen Sie diesen unbedingt hinzu. Klären Sie, was Priorität hat und welche Aufgaben nach hinten geschoben werden können. Jede Führungskraft hat dafür Verständnis, dass Sie nur eins nach dem anderen machen können. Aber erwarten Sie bitte nicht von Ihrer Führungskraft, dass diese einen Überblick darüber hat, welche Aufgaben Sie gerade alle in Ihrem Köcher haben. Deshalb gehen Sie es an, diese Dinge zu klären, und sofort haben Sie ein anderes Gefühl. Wenn Sie die Dinge, die wirklich Priorität haben, jetzt anpacken, erleben Sie auch ein anderes Gefühl etwas zu bewirken. Und wenn Sie selbstständig über Ihre Aufgaben entscheiden, ist es genauso wichtig, sich über die Prioritäten Klarheit zu verschaffen.

„Prioritäten setzen heißt auch: auswählen, was liegen bleiben soll!“

Wichtiges anpacken

Um zu spüren, dass man etwas nach vorne bringt, ist es entscheidend die wichtigen Dinge anzupacken. In meinem Buch zum Thema Effizienz finden Sie den Satz *„Beschäftigt sein ist nicht das Gleiche wie arbeiten“*. Sie kennen vielleicht Tage, an denen Sie viel beschäftigt waren und am Abend das Gefühl hatten, nichts bewegt zu haben. Was ist passiert? Sie haben nichts „Wichtiges“ angepackt. Oft kennen wir die Priorität, aber wir lassen uns ablenken. Zum einen, weil so viel Dringendes an der Tür klopft oder im Maileingang lauert. Wenn wir uns dann nicht organisieren und lernen, das bekannte NEIN auszusprechen, werden wir viel an den Dingen anderer arbeiten, aber mit unseren eigenen auf der

Strecke bleiben. Zum anderen ist es manchmal so, dass die wichtigen Aufgaben komplex, schwierig oder unbequem sind und wir jede Ablenkung willkommen heißen. *„Ich habe keine Zeit, ich muss noch so viel Unwichtiges tun.“* Das große Problem daran ist, dass wir dann zwar viel zu tun haben, aber das Gefühl von Fortschritt bleibt auf der Strecke und wir steuern direkt in die Unzufriedenheit hinein.

Das große Ganze sehen

Um zu spüren, dass wir etwas bewirken, kann es von großem Vorteil sein die großen Zusammenhänge zu erkennen. Ich hatte vor einigen Jahren das Glück, von Dr. Michael Otto hier ein wunderbares Beispiel erzählt zu bekommen. Dr. Otto ist einer der fünf reichsten Männer Deutschlands und Inhaber des Otto-Konzerns. Er sagte, dass jeder neue Mitarbeiter während der Einschulung vermittelt bekommt, wie wichtig er für den Erfolg des Unternehmens ist. Selbst derjenige, der nur ein Paket in den LKW trägt. Jeder muss spüren, dass jede Aufgabe zum Erfolg des Unternehmens beiträgt. Sind Sie sich bewusst, dass auch Sie zum Erfolg des Unternehmens beitragen? Machen Sie sich klar, was Sie bewirken. Wenn Sie nur ein kleines Zahnrad einer großen Kirchenuhr herstellen, würde diese große Uhr ohne das kleine Zahnrad nicht funktionieren. Manche denken jetzt: „Aaaaber, ich bin doch jederzeit ersetzbar.“ Das mag vielleicht sein, solange Sie allerdings hier sind, hängt es eben von Ihnen ab!

Spüren, dass die Aufgabe zum Erfolg beiträgt

Eigenes Verhalten gestalten

Suchen Sie gezielt die Schnittstelle, an der Sie mit Ihrem Verhalten auf die Situation Einfluss nehmen. Wir glauben oft, dass wir nichts bewirken können, weil wir diese Schnittstelle nicht finden. Häufig höre ich: „Da kann ich nichts machen …“ oder „Darauf habe ich keinen Einfluss …“ Hier muss ich nun evtl. etwas unbequem für Sie sein.

Sie haben Einfluss!

Sie haben Einfluss! Egal, woran Sie jetzt denken, Sie haben Einfluss. Wie oft höre ich: „Aber ich habe so schlechte Mitarbeiter, schlechtes Gebiet, kritische Kunden, einen schwierigen Partner usw.“ Mag alles sein, aber es bleibt die Frage: Können Sie trotzdem mit Ihrem Verhalten Einfluss nehmen? Selbstverständlich! Es kann sein, dass Sie schon resigniert und keine Lust mehr dazu haben. Das kann ich akzeptieren. Aber erzählen Sie sich nicht, dass Sie mit Ihrem Verhalten keine Möglichkeiten hätten. Sollte dieses Thema Sie stärker betreffen, kann ich Ihnen mein Buch „Mach endlich, was du willst! – Wie Sie Ihr Schicksal selbst in die Hand nehmen“ ans Herz legen. Dort finden Sie eine komplette Anleitung, wie Sie aus dieser Situation herauskommen.

Es kann sein, dass Sie schon resigniert haben

„Wenn man wirklich tut,
wovon man spricht,
braucht man nicht so viel
davon sprechen, was man tut!"

– unbekannt –

Selbstverantwortung leben

Ergreifen Sie die Initiative

Übernehmen Sie selbst die Verantwortung, die Dinge um Sie herum zu „bewegen". Es geht letztlich darum, Fortschritt und Wachstum zu spüren. Stellen Sie sich die Fragen: Was kann ich tun, um dies oder jenes zu bewirken? Wie kann ich mit meinem Wissen und Können die Dinge voranbringen? Schonen Sie sich nicht, sondern ergreifen Sie die Initiative. Ein Kollege von mir verwendet den Spruch:

„Schonung ist der sicherste Weg zum Friedhof."

Ich will dies vielleicht nicht eins zu eins übernehmen, aber es gibt viele Bereiche, in denen dies zutrifft. Wir müssen die Komfortzone verlassen, wenn wir uns richtig spüren wollen. Bei unseren Muskeln und Knochen wissen wir längst, dass sie durch Belastung leistungsfähiger und widerstandsfähiger werden.

Erledigen Sie Unangenehmes!

Es kann manchmal sehr erfüllend sein, endlich die unangenehmen Dinge zu erledigen. Gibt es bei Ihnen auch so einen symbolischen „Keller“, in dem sich allerhand gesammelt hat? Was Sie im Hinterkopf haben, mit sich herumtragen und längst erledigt sein sollte? Hier gibt es einen sehr einfachen Tipp. Packen Sie es an!

Rückgrat zeigen

Vielleicht gibt es bei Ihnen Situationen, in denen es an der Zeit wäre, einmal Rückgrat zu zeigen. Evtl. landet zu viel bei Ihnen auf dem Schreibtisch, oder Sie werden hier und da zum Sündenbock gemacht, oder, oder, oder ... Es gibt unzählige Möglichkeiten. Stehen Sie mal auf, zeigen Sie Rückgrat und sprechen Sie die Dinge offensiv an.

Ein Zitat von
Martin Luther King:

„Kein Mensch kann auf Deinem Buckel reiten, wenn Du ihn nicht krumm machst.“

Zeigen Sie also Rückgrat, sprechen Sie Dinge an und verändern Sie etwas. Aber Vorsicht! Nicht nach dem Motto: „Jetzt platzt mir aber der Kragen und ich will jetzt …" NEIN! Ruhig, ruhig, ruhig – sachlich, sachlich, sachlich. So haben Sie eine höhere Chance ernst genommen zu werden. Selbst wenn Sie nicht alles verändern können, kann es schon befreiend wirken, es endlich angesprochen zu haben.

Feedbackgespräch einfordern

Gehen Sie auf Ihren Vorgesetzten zu und fordern Sie ein Feedbackgespräch ein. Lassen Sie sich ein Bild von dem verschaffen, was Sie mit Ihrer Arbeit alles bewirken. Fragen Sie danach, wie es Ihr Chef sieht! Selbst wenn hier auch Punkte zur Sprache kommen, die evtl. negativ sind. Besser Sie erfahren, dass Ihre Arbeit an manchen Stellen weniger zufriedenstellend wahrgenommen wird, als dass Sie überhaupt kein Feedback erhalten.

Sich und das Leben spüren

Intensive Lebensfreude

Wie sieht es denn in Ihrem Privatleben aus? Spüren Sie sich regelmäßig selbst so richtig intensiv? Ich meine jetzt nicht, wenn Sie sich irgendwo die Finger einklemmen, sondern richtig intensiv vor Lebensfreude, positiver Anspannung oder Ähnlichem. Bitte sagen Sie jetzt nicht, dass Sie in Ihrem Leben nichts zu lachen haben. Möglicherweise kann es sein, dass Sie in einer schwierigen Lebenssituation stecken, aber ich werde Ihnen in diesem Abschnitt aufzeigen, dass es in jeder Lebenslage möglich ist, sich auch hin und wieder positiv zu spüren. Zu Beginn möchte ich ein etwas provokantes Zitat von Lucius Seneca benutzen, um zu diesem Thema hinzuführen:

„Was nützen einem Menschen 80 Jahre, die er nutzlos verbracht hat? Er hat nicht wirklich gelebt, er hat sich nur im Leben aufgehalten und er ist nicht spät gestorben, er hat nur lange dazu gebraucht."

– Lucius Annaeus Seneca –

Sicherlich etwas provokant formuliert, jedoch regt es zu einer wichtigen Frage an: Was ist denn das Leben? Zunächst mal unsere Zeit. Im nächsten Schritt dann aber die Frage: Was ist Lebensqualität? Wenn Sie einmal vom Leiterblick daraufschauen und sich die Frage stellen, was in unserer Erinnerung bleibt … Woran erinnern Sie sich in zehn oder 20 Jahren? Es bleiben nur die Momente, die Sie emotional intensiv erlebt haben.

Was ist Lebensqualität?

Selbst in Goethes „Faust" spricht Mephisto:

„Gefühl ist alles"

Genau genommen bringt er es damit auf den Punkt. Wenn wir an unserem Lebensende zurückblicken, werden wir nur die Dinge in Erinnerung haben, welche wir mit hoher Emotionalität erlebt haben.
Wenn Sie heute einen Rückblick wagen, welche entscheidenden Momente Sie in Ihrer Erinnerung am deutlichsten haben, dann werden Sie dies wahrscheinlich auch feststellen. Hoffentlich geht es Ihnen nicht so wie einer Vielzahl von Menschen. Das Bedauerliche ist nämlich, dass vielen Personen dabei überwiegend negative Emotionen in den Sinn kommen. Krankheiten, Schwierigkeiten, menschliche Dramen. Woher kommt das? Meinem Erachten nach liegt dies an zwei Dingen. Zum einen fehlt uns oft ein sogenanntes „konstruktives Erinnerungsmanagement". Unsere Erinnerungen konstruktiv zu managen heißt nichts anderes, als dass wir die negativen Dinge in den Hintergrund wandern lassen und uns mehr durch die erfreulichen Emotionen des Lebens aufmuntern. Zum anderen liegt es aber auch

„Konstruktives Erinnerungsmanagement"

daran, dass wir zu selten aktiv dafür sorgen, unser Leben intensiv zu spüren. Wir befinden uns manchmal so in unserem Hamsterrad, also in Gewohnheiten und Automatismen, dass wir über mehrere Monate hinweg keine wirklich intensiven Gefühle erleben. Und wenn Gefühl alles ist, wir aber keine intensiven Gefühle erleben – was sind wir dann? Beantworten Sie sich diese Frage selbst!

Wann haben Sie das letzte Mal vor Freude gekreischt?

Wann vor Erregung gezittert?

Wann vor Freude geweint?

Wann vor Erwartung erstarrt?

Wann durch freudige Emotionen innerlich gebebt?

Sie waren auch mal ein Kind!

Das passt nicht zu Ihnen? Sie sind nicht der Typ dafür? Reden Sie sich nichts ein. Es kann sein, dass Sie sich das alles abgewöhnt haben, aus irgendwelchen gesellschaftlichen Zwängen, denen wir uns unterwerfen. Ich kann Ihnen hierzu nur meine persönliche Meinung sagen. Einer Gesellschaftsschicht, in der das Leben nicht mehr intensiv gespürt wird, oder in der nicht mehr wirklich herzhaft und laut schallend gelacht wird, der möchte ich persönlich nicht angehören. Und reden Sie sich nicht ein, dass Sie das nicht könnten. Haben Sie schon mal Kinder beobachtet, wie intensiv die lachen, Freude empfinden, zittern vor Aufregung? Wie fühlt es sich an, wenn wir das beobachten? Und jetzt wissen Sie, dass Sie

das auch können! Egal, wie Ihr Leben heute aussieht, ich wette mit Ihnen: Sie waren auch mal ein Kind! Und in dieser Zeit hatten Sie intensive Gefühle und haben sich gespürt. Wir müssen es also nur wieder finden und zulassen. Dies ist genau genommen auch wieder relativ simpel und das ist gut so. Denn ich bin ein Freund von Einfachheit. Wir müssen in dieser komplexen Welt, in der wir leben, die Dinge manchmal nur vereinfachen, dann gewinnen wir wieder den Überblick. Und wenn es einfach ist, dann müssen wir es nur noch tun, denn sobald wir ins Handeln kommen, spüren wir uns auch.

Die Dinge vereinfachen

Wir hören nicht auf zu spielen, weil wir alt werden. Wir werden alt, weil wir aufhören zu spielen!

– unbekannt –

Experiment: Sich spüren

Ich möchte Sie gerne zu einem Experiment einladen. Sorgen Sie dafür, dass Sie sich innerhalb der nächsten vier Wochen einen ganzen Tag Zeit nehmen, um sich mal wieder richtig zu spüren. Zu spüren: Ich lebe, jaaaaaaaaaaaaaa! Wählen Sie irgendetwas aus, was Sie wirklich in ein extremes Spitzengefühl bringt. Schreien, Kreischen, Nervenkitzel – auf jeden Fall voller Erfüllung. Ein ganzer Tag ohne Handy etc., einfach nur leben und spüren. Keine Angst, noch vor 20 Jahren haben Sie einen Tag ohne Handy problemlos überlebt. Sollten Sie jetzt sagen, das bekomme ich innerhalb von vier Wochen nicht geregelt, dann will ich hier wieder etwas unbequem zu Ihnen sein: Überdenken Sie Ihr Leben!

Einen Tag ohne Handy problemlos überlebt

Sie vergessen dann dabei wahrscheinlich, sollten Sie morgen einen Schlaganfall haben, sich die Erde nach wie vor um die Sonne dreht. Wenn wir uns bereits so unentbehrlich fühlen, dass wir nicht innerhalb von vier Wochen einen Tag zum LEBEN herausnehmen können, dann stellt sich die Frage, was ist das für ein Leben? Tun Sie es einfach, jetzt, leben Sie!

Was ist das für ein Leben?

Im Nachfolgenden möchte ich Ihnen einige Beispiele geben, wie Sie intensive Gefühle erleben können. Sie werden sehen, dass zumindest einige davon in jeder Lebenslage und mit jedem Geldbeutel zu realisieren sind. Es liegt also nicht an Ihren Lebensumständen, Sie können es nur durch Ihre Geisteshaltung ermöglichen.

Intensive Gefühle und Beispiele, um diese zu erleben

Nervenkitzel

Achterbahn, Freizeitpark, Tandemsprung, Rafting/ Canyoning, Hochseilgarten, Jeep-Safari, Kletterkurs, Fahrertraining, Wok fahren in einem Eiskanal, Abseilen vom Hafenkran (Hamburg), mit Haien tauchen …

Freude, Wohlgefühl

Bergwanderung, reine Wohlfühlmassage, Freizeitpark, Lagerfeuer, Motorboot fahren, Wellness, Therme, Zoo, Motorrad fahren …

Sex

In längeren Beziehungen lässt dies manchmal etwas nach. Holen Sie Vergangenes oder Verborgenes wieder ins Jetzt. Gestalten Sie einen wunderschönen Tag, der sich nur um das „Eine“ dreht.

Liebe

Es gehört auch dazu, dass man manchmal nebeneinanderher lebt. Gestalten Sie nun einen Tag, an dem man sich wieder intensiv sagt, was man aneinander schätzt, wie wertvoll man sich wirklich ist. Natürlich kann man das gesamte Drumherum in einen romantischen Rahmen versetzen.

„Vieles lernen wir wirklich zu schätzen, wenn es nicht mehr da ist.“

– T. Adolph –

Deshalb ist es ein guter Einstieg in solch einen Liebestag, dass sich beide Partner bewusst machen: Wie würde es sich anfühlen, wenn man den anderen morgen durch einen Unfall verlieren würde? Dies macht uns plötzlich wieder sehr bewusst, was wir an ihm schätzen.

Körperliches leisten/Anstrengung/Schwitzen

Intensive Bergtour, Holz sammeln – hacken – stapeln, erfreuliche Gartenarbeit, beliebiger Sport, Erntehelfer (Spargel, Wein etc.) …

P.S. Alles, was oben aufgeführt ist, lässt sich im Internet finden, um es zu buchen oder zu mieten. Manches erfordert keinerlei Kosten, sondern nur Ihren Willen und Ihre Kreativität.

„Lieber einen Tag als Tiger gelebt, als 1000 Jahre als Schaf“

– Tibetanisches Sprichwort –

Mehr Lebensenergie

„Leben ist Bewegung und ohne Bewegung findet Leben nicht statt."

– Moshe Feldenkrais –

Interessanterweise tanken wir dann neue körperliche und mentale Energie, wenn wir uns verausgaben. Oftmals sind wir aber so in unserem Hamsterrad-Alltag gefangen, dass wir dann die wenigen noch vorhandenen Zeitfenster dazu nutzen, uns auf dem Sofa zu lümmeln. Ich gönne Ihnen das von ganzem Herzen, seien Sie sicher. Nur wenn Sie sich nicht hin und wieder bewusst bewegen, dann werden Sie immer weniger Energie haben. Dies trifft nicht unbedingt zu, wenn Sie sowieso bereits körperlich sehr hart arbeiten, aber wenn Sie beruflich keine körperlichen Anstrengungen haben, dann sollten Sie dafür sorgen. Oftmals unterliegen wir dem Irrtum, dass wir durch das Ausruhen zu neuer Energie finden, aber das ist Quatsch. Ruhephase und Anstrengung sollte in einem gewissen Einklang stehen.

Der Irrtum, dass wir durch Ausruhen zu neuer Energie finden

Aber wenn Sie sich gar nicht körperlich betätigen, dann ist dies zumindest für Ihren Energiehaushalt kontraproduktiv. In dem Moment, wo wir uns bewegen, ist es sogar so, dass unser Körper nach ca. zehn Minuten beginnt Glückshormone zu produzieren. Daher kommt es auch, dass, wenn wir uns erst mal aufgerafft haben, dann eher Spaß an der Bewegung haben. Es ist nur die anfängliche Überwindung, die hemmt. Sobald Sie dann nach zehn Minuten diese Glückshormone spüren, bekommen Sie neue Energie und fühlen sich immer wohler. Selbst wenn Sie sich körperlich stark verausgaben, sind Sie vielleicht körperlich kaputt, aber mental fühlen Sie sich irgendwie gut. Auch bei Kindern, die ständig in Bewegung und Aktion sind, können Sie beobachten, dass Sie dennoch vor Energie strotzen. Bewegung bringt Energie! Den Gegenbeweis erleben wir, wenn wir uns einen ganz gemütlichen faulen Tag machen. Wir liegen von früh bis spät auf dem Sofa herum. Eigentlich müssten wir ja dann erholt und am Abend voller Energie sein. Wie ist die Wirklichkeit? Wir fühlen uns am Abend gerädert, obwohl wir den ganzen Tag nichts gemacht haben.

Gerädert, obwohl wir den ganzen Tag nichts gemacht haben

Die Problematik ist dann, wenn wir durch unseren Alltag möglicherweise sowieso das Gefühl haben, uns zu wenig zu bewegen, und jetzt in der freien Zeit noch auf dem Sofa liegen, dann erhalten wir von nirgendwo Feedback: In meinem Leben tut sich was, ich lebe und habe Erfüllung. Deshalb, egal wie schwer es Ihnen fällt, raffen Sie sich auf und unternehmen Sie etwas. Bewegen Sie sich! Am sichersten ist es, wenn Sie jetzt den Terminkalender in die Hand nehmen und es sofort einplanen. Auf jetzt, holen Sie ihn und tragen es ein!

Bewegen Sie sich!

7

Die Tretmühlen des Berufsalltags

Widmen wir uns in diesem Kapitel nun Hugo Hamster bei der Arbeit, also in der Ausübung seines Jobs. Ich weiß nicht, wie sich Ihr beruflicher Alltag darstellt. Ich weiß allerdings von vielen Gesprächen mit Seminarteilnehmern oder von Coachings, dass ein beruflicher Alltag häufig wie folgt aussieht: Ich mache mich auf den Weg und habe in meinem Kopf einen ziemlich genauen Plan von dem, was an diesem Tag alles erledigt werden soll. Im Büro angekommen, fahre ich den Computer hoch, rufe meine E-Mails ab, dann klingelt das Telefon und schwupp, schon bin ich fremdbestimmt. Die Stunden vergehen, der Tag rennt dahin und irgendwie kommt plötzlich das Gefühl, die Zeit reicht nicht aus, ich habe viele Stunden gearbeitet, aber wenig bewegt. Kommt Ihnen das bekannt vor?

Und schon bin ich fremdbestimmt

Eingangs habe ich Ihnen ja von meinem Leben und meiner Erkenntnis erzählt. Ein prima Leben – mit Erfolg, alles lief gut. Aber es fehlte Zeit. Ich habe mein Hamsterrad verlassen und mir gesagt: Ich muss nicht! Ich muss nicht alle meine Ideen realisieren. Bei genauerem Hinschauen habe ich festgestellt, dass einige Ideen in meiner individuellen Situation gar keinen Sinn gemacht haben, dass es letztendlich Nebenkriegsschauplätze waren und mich weder in meiner persönlichen noch beruflichen Entwicklung vorangebracht haben. Heißt also, Aufwand zu Ergebnis stand in vielen Bereichen nicht im richtigen Verhältnis.

Heute sind wir in solchen Situationen, weil wir von vielen Kanälen mit Ideen, Chancen und Möglichkeiten förmlich zugebombt werden. Was war meine Strate-

gie? Ich habe gesagt, stopp, ich konzentriere mich ab jetzt auf zwei Dinge und die bringe ich konsequent und konzentriert voran, der Rest würde mich nur ablenken. Und plötzlich fühlte ich mich wieder komplett anders. Ich habe Ihnen auch erzählt, dass ich einiges umstrukturiert habe, dass ich innerhalb von sieben Wochen einfach Entscheidungen getroffen und Dinge anders angepackt habe, um hier konsequent einen Schritt nach vorne zu kommen. Ein Punkt zum Beispiel war mein Backoffice.

Eine der wichtigsten Erkenntnisse war, dass viele Dinge nicht wirklich wichtig für mich sind. Zu dieser Zeit hatte ich mein Backoffice so organisiert, dass für mich jemand lediglich alle Schreibarbeiten erledigt hatte. Nun hatte ich aber erkannt, das mir dies zu wenig war. Ich habe daraufhin einen neuen Mitarbeiter eingestellt, der mich komplett ersetzt. Das war das Ziel. Jemand, der alles, außer das Durchführen von Trainings, Coachings und Vorträgen komplett von mir fernhält. Und das war die beste Entscheidung überhaupt. Möglicherweise sagen Sie jetzt, ja, diese Möglichkeit habe ich ja nicht. Selbstverständlich hat nicht jeder die Möglichkeit, aber es soll auch nur ein Beispiel dafür sein, wie erleichternd es sein kann, etwas zu ändern! Ich erzähle Ihnen das nur, um Sie wachzurütteln, um Sie dazu einzuladen, einen Schritt zurückzugehen und sich die Frage zu stellen, welche Teile sich realisieren lassen.

Der Manager und Olivenbauer – EINE Person

Einige Wochen, nachdem ich damals diese Veränderungen vollzogen hatte und mit einem neuen Gefühl von Zeit relaxt im Städtchen unterwegs war, traf ich einen alten Bekannten: Albert Deuring, Leiter der Rennsport-Abteilung der bekannten Tuning-Firma Abt in Kempten. Dort verantwortet er unter anderem die Entwicklung der AUDI-Rennfahrzeuge in der DTM. Ich habe ihn vor über zehn Jahren als Seminarteilnehmer kennengelernt und er sah meist sehr gestresst aus. Er rannte von einem Termin zum nächsten und war immer angespannt. Als ich ihn jetzt traf, sah er super zufrieden aus und erzählte mir, er sei jetzt nebenbei Olivenbauer. Ich war völlig verblüfft und fragte ihn, wie er das denn angestellt habe. Er antwortete mir: „Weißt Du, ich habe mich einfach neu organisiert, mich neu strukturiert und auch mal Verantwortungen abgegeben. So hab ich mir Zeit freigeschaufelt, um zum Beispiel einfach mal das eine oder andere verlängerte Wochenende am Gardasee zu verbringen. Dort habe ich mir dann ein Grundstück mit Olivenbäumen gekauft, das ich selber bewirtschafte und wo ich gemeinsam mit meiner Frau und den Kindern viel Zeit verbringe. Und mir geht es verdammt gut. Wenn Du willst, kannst Du von mir Olivenöl kaufen.“ Ich war wirklich begeistert! Stellen Sie sich vor, der gleiche Mann hat zehn Jahre vorher erzählt, er habe manchmal eine 90-Stunden-Woche! Und das Tolle: Sein Erfolg ist ungebrochen. Trotz der Veränderung haben er und seine Autos 2008 und 2009 die DTM-Serie gewonnen.

„Ich habe mich einfach neu organisiert“

Der Erfolg ist trotzdem ungebrochen

Warum entscheiden Tore über den Sieg?

Es zählt, was dabei herauskommt

In Unternehmen wird interessanterweise noch fast alles über die Stundenanzahl geregelt. Es wird hauptsächlich die Zeit gemessen und deshalb glauben auch viele, dass die Anzahl der Stunden etwas über die geleistete Arbeit aussagt. Das wäre ungefähr so, als würde man beim Fußballspiel danach entscheiden, welche Mannschaft die meisten Kilometer gelaufen ist. Es zählen aber nicht die Kilometer, es zählt, was dabei herauskommt. Es zählt, wer die meisten Tore geschossen hat.

Wenn Sie jetzt mal auf Ihre Schulter gucken und Ihren Hugo Hamster bitten, einen Blick auf Ihren Arbeitsalltag zu werfen, könnte es sein, dass Hugo Hamster das eine oder andere auffällt, das in Ihrem Alltag möglicherweise nicht optimal strukturiert ist. Vielleicht machen Sie manche Dinge zu wenig konsequent und verbringen mit unnötigen Dingen Zeit.

Und deshalb ist es wichtig, Zeit, Arbeit und das, was wir leisten, aus einem ganz neuen Blickwinkel zu sehen. Müssen wir alles auf acht Stunden ausdehnen? Wir haben immer noch das komische Gefühl bei uns, wenn jemand zehn Stunden arbeitet, gilt der als fleißig. Ich frage Sie: Wenn jemand bereits nach sechs Stunden fertig ist und in diesen sechs Stunden mehr erreicht hat, ist er dann etwa faul?

„Wer weniger tut, erzielt bessere Resultate – vorausgesetzt, er trifft die richtige Wahl."

– Leo Babauta –

Aus diesem Grund ist es interessant, sich mal den eigenen Alltag anzuschauen. Einmal ganz sensibel hineinzuhorchen, wie man mit seiner eigenen Zeit umgeht. Ich möchte Ihnen in diesem Zusammenhang ein paar Fragen stellen. Nutzen Sie diese, um gemeinsam mit Hugo Hamster auf Ihren beruflichen Alltag zu schauen. Gehen Sie hinaus aus dem Hamsterrad!

Die erste Frage: Welche 20 % meiner Kunden, Vorkommnisse oder Situationen verursachen 80 % meiner Probleme, meines Ärgers oder meines Frustes? Machen Sie einfach Stichpunkte zu Situationen oder benennen Sie die jeweiligen Kunden namentlich. (Eine spannende Frage, für deren Beantwortung Sie sich wirklich einige Minuten Zeit nehmen sollten.)

Ich hoffe, dass es Ihnen leicht gefallen ist, diese Bereiche zu identifizieren. Möglicherweise können Sie jetzt erkennen, dass diese 20 %, die Ihnen Kummer bereiten, nicht alle vollkommen wichtig für Sie sind. Möglicherweise sind Kunden dabei mit ganz wenig Umsatz, möglicherweise sind es Situationen, die sich verändern lassen. Jetzt ist es an der Zeit, dies zu überprüfen und schmerzhafte Entscheidungen zu treffen. Vielleicht macht es Sinn, sich jetzt von der einen oder anderen Geschichte zu verabschieden. Sie werden sich mit Sicherheit nicht von all diesen Dingen verabschieden können, die Sie jetzt aufgeführt haben. Aber stellen Sie sich vor, wie es wäre, ein Drittel dessen über Bord zu werfen. Dann haben Sie unterm Strich ein Minimum von 25 % mehr Freiraum, mehr Zeit, mehr Lebensqualität – allein durch diese Entscheidung. Treffen Sie sie jetzt!

Die zweite Frage wäre: Welche 20 % meiner Tätigkeiten verursachen 80 % meines Erfolgs und meiner Zufriedenheit? Häufig erkennen wir, dass wir mit wirklich wenig Dingen und wenigen Aktivitäten sehr viel erreichen können. Es ist wichtig, dies zu kennen. Also, welche 20 % meiner Tätigkeiten verursachen 80 % meines Erfolgs und meiner Zufriedenheit?

Wenn Sie sich nun ganz klar auf diese Dinge konzentrieren, also exakt auf das, was wirklich wichtig ist, was Sie wirklich voranbringt, dann vertrödeln Sie ab sofort keine Zeit mehr mit Ablenkungen und Alibitätigkeiten. Bleiben Sie konsequent bei dem, was Sie nach vorne bringt. Und ich versichere Ihnen, wenn Sie Dinge, die Probleme, Ärger oder Frust verursachen, reduzieren

und Ihre Konzentration auf die Dinge lenken, die Sie zufriedener machen, dann werden Sie sich anders fühlen. Es geht gar nicht darum, wenig zu machen, es geht darum, die Dinge zu machen, die uns nach vorne bringen. Denn diese bringen Lebensqualität, gutes Gefühl und innere Zufriedenheit.

Wenn jemand keine Zeit für das Wichtige hat, ist dies nur ein klares Indiz dafür, dass er mit Unwichtigem zu viel Zeit verbringt!

Ein simpler Leitsatz, der aber im Alltag wirklich definitiv zutrifft. Sollten Sie sich jetzt innerlich gegen diesen Leitsatz wehren, dann ist es besonders interessant, sich damit auseinanderzusetzen. Denn wir glauben natürlich, dass speziell in unserer Situation die Zeit für „Wichtiges" zu kurz ist. Aber die Sache mit der Zeit ist wirklich sehr einfach. Sie haben 24 Stunden davon!

Arbeiten Sie an Ihren Prioritäten!

Genau wie jeder andere der sieben Milliarden Erdbewohner. Und wenn ausgerechnet bei Ihnen die Zeit für das Wichtigste nicht ausreichen sollte, dann wäre das schon komisch. Die nüchterne Erkenntnis ist einfach: Sie unterscheiden zu wenig das Wichtige vom Unwichtigen! Mein Tipp: Arbeiten Sie an Ihren Prioritäten!

Vergeude ich manchmal Zeit?

Wir können dies im Alltag oft folgendermaßen beobachten: Einige lungern nach Feierabend noch stundenlang im Büro herum, geplagt von einem schlechten Gewissen, weil sie den ganzen Tag nicht besonders effizient, nämlich nicht an dem Wichtigen gearbeitet haben. Und nun versuchen sie sich selbst und ihrer Umgebung mit Anwesenheitsstunden etwas vorzumachen. Sich ein gutes Gewissen zu verschaffen. Wie ist denn das bei Ihnen? Machen Sie einfach mal folgende Überlegung. Mit welchen Dingen, Ablenkungs- bzw. Alibitätigkeiten vergeuden Sie manchmal Ihre wertvolle Zeit, ohne dabei produktiv zu sein?
Also, sei ergebnisorientiert, dann erreichst Du in wenig Zeit viel. Wenn Du in wenig Zeit viel erreichst, bist Du zufrieden und die Menschen um Dich herum auch. Arbeite also ein gesundes Maß an Stunden, in denen Du sehr produktiv bist und etwas leistest. Anschließend ist es unglaublich wichtig einen Schlussstrich zu ziehen! Erlaube Dir nun Deine Arbeit zu beenden und Dich auf Deine persönlichen Belange zu konzentrieren! Dann geht es Dir gut, und Deinem Chef ebenso.

Dabei kann Hugo Hamster helfen. Es ist wichtig, sich hier Klarheit und Ehrlichkeit zu verschaffen. Leg das Buch beiseite und geh raus aus dem Hamsterrad, schau

auf Deinen Alltag. Erarbeite Dir mal drei Beispiele, in denen Du mit unwichtigen Dingen Zeit verbringst, um das Gefühl zu haben, produktiv zu sein. Ein Grund für die Wichtigkeit dieser Fragestellung ist das Thema Burnout, welches manchmal schneller da ist als wir denken. Und zwar kommt dies nicht zwangsläufig von der vielen Arbeit, sondern auch sehr stark von dem Gefühl, zu wenig zu bewirken. Heißt im Umkehrschluss: In dem Moment, wenn ich zwar viel mache, aber nicht wirklich produktiv bin, wirft mich dies mental zurück. Und ich erleide Rückschritte.

Es ist wichtig, für sich einen Weg im Job zu finden, die Kontrolle zu behalten. Immer wieder raus aus dem Hamsterrad zu gehen, mit Hugo Hamster über die eigene Schulter zu sehen und sich zu fragen: Bin das ich? Muss ich das? Ist das, was ich hier tue, wirklich effizient? Was bringt mich wirklich nach vorne, was muss ich überhaupt gar nicht machen, welche Bereiche kann ich reduzieren, um wieder mehr Freiraum zu haben? Denken Sie an den Grundsatz: Wenn jemand keine Zeit für das Wichtige hat, ist es ein klares Indiz dafür, dass er mit Unwichtigem zu viel Zeit verbringt.

Bringt mich das wirklich nach vorne?

Zurück zur Zeitsouveränität

Um nun den Bereich rund um den Berufsalltag abzuschließen, hier noch einige praktische Tipps, die möglicherweise schon ein erster wertvoller Schritt sein können, um wieder Herr über die eigene Zeit zu werden. Einen der wertvollsten Tipps, um die Problematik „wichtig“ und „dringend“ in den Griff zu bekommen, möchte ich Ihnen hier als ersten empfehlen. Ich lebe selbst danach und habe von vielen Seminarteilnehmern bereits das Feedback erhalten, dass Sie damit das Thema „wichtig“ besser im Griff haben.

„wichtig“ oder „dringend“

Arbeiten Sie eine Stunde täglich konzentriert am „Wichtigen", bevor Sie E-Mails zulassen oder sonstige Kommunikationsmittel. Kein Telefon, gar nichts. Eine Stunde konzentriert. In dieser Stunde können Sie extrem viel erreichen. Manche machen ja in einer halben Stunde das, was andere in acht Stunden erreichen. „Geht nicht!", wird Ihnen jetzt Ihr innerer Automat sagen. Ich höre es förmlich, wie er sagt: „Das geht nicht, das geht nicht." Ich höre es so häufig. Unser Automat beherrscht uns schon so stark, dass wir gar nicht mehr bemerken, wie wir unser Hamsterrad selber drehen und beschleunigen. Ganz einfach. Wenn Sie stundenlang im ach so wichtigen Meeting sitzen, geht es da, dass Sie mal zwei, drei Stunden keine E-Mails checken, dass Sie mal zwei, drei Stunden telefonisch nicht erreichbar sind? Es ist nur der innere Automat, der glaubt, wir müssten zuerst Mails angucken. Es ist der Automatismus, es ist das Hamsterrad. Selbst wenn Sie es nur zwei- bis drei mal in der Woche schaffen, den Tag mit einer Stunde konzentrierter Arbeit zu beginnen, versichere ich Ihnen, dass Ihre Produktivität steigt; genauso wie Ihre Zufriedenheit und Ihr Wohlgefühl.

Nun noch einige allgemeine Tipps auf dem Weg zur Zeitsouveränität

Tipp 1: Stellen Sie sich häufiger mal die Frage: Bringt mich das, was ich jetzt gerade tue, wirklich an mein Ziel?
Es kann passieren, dass Sie diese Frage manchmal in ganz komische Situationen bringt, vor allem wenn Sie gerade einer Alibitätigkeit nachgehen, die Sie nur ablenkt. Wenn Sie natürlich angestellt sind und gezwungen sind, solche Dinge zu tun, arbeiten Sie es ab, aber kehren Sie schnell zu dem zurück, was Sie wirklich ans Ziel bringt. Es geht gar nicht nur darum, die Ziele zu erreichen, es geht um das Gefühl Produktives zu bewegen – gehen Sie raus aus dem Hamsterrad und machen Sie nicht alles automatisch!

Tipp 2: Verplanen Sie niemals Ihre komplette Zeit
Egal, wie genau Sie planen, es wird immer etwas dazwischenkommen. Der Anruf, die Tür geht auf etc. Also schaffen Sie sich „Pufferzeiten" für eine reale Zeitplanung – Sie sollten also je nach individueller Situation ca. 10-20% Pufferzeit von vornherein einplanen.

Tipp 3: Wie Sie Zeitfenster realistisch einplanen
Wenn wir einen Vorgang planen, unterschätzen wir schnell den Zeitbedarf. Das Mitarbeitergespräch „geht doch nebenbei" und das Meeting bereite ich „locker in 30 Minuten vor". Denken Sie nicht nur an

das fertige Ergebnis, sondern machen Sie sich auch den Weg bewusst. Gehen Sie gedanklich alle Schritte durch, alle Details, die Sie beachten müssen, die Besorgungen, die im Vorfeld erledigt werden müssen. Beziehen Sie Überlegungen mit ein, wie viel Zeit diese Aufgabe in der Vergangenheit bereits in Anspruch genommen hat. Dadurch erhalten Sie eine realistische Einschätzung des Zeitbedarfs.

Tipp 4: Ertappen Sie Ihren inneren Schweinehund
Sie kennen das wahrscheinlich auch: Eine Arbeit ist mühsam, unbequem oder ungeliebt und da tauchen plötzlich fünf neue Aufgaben auf, die doch auch sofort erledigt werden müssen. Hier passiert nichts anders, als dass der Schweinehund Ihren inneren Dialog übernimmt und Ihnen ins Ohr flüstert: „Hallo, da gibt es noch eine Alibitätigkeit, so kannst Du vielleicht noch um die unangenehme Sache herumkommen.“ Erkennen Sie, wenn der Schweinehund den Dialog übernimmt. Von vielen Teilnehmern höre ich, dann, wenn Sie keine Lust auf die anstehende Arbeit haben, wird noch kurz der Maileingang überprüft. Vielleicht naht hier ja die Rettung. Machen Sie Schluss mit diesen Ablenkungsaufgaben!

Tipp 5: Zack und weg

Wenn in den letzten Tagen (Wochen) einiges in den Rückstand geriet, lassen wir uns manchmal von unserem schlechten Gewissen leiten. Und wir meinen dann, die liegen gebliebenen Aufgaben besonders sorgfältig erledigen zu müssen. Wenn Sie das tun, benötigen Sie mehr Zeit und geraten natürlich mit den neuen Aufgaben schon wieder in den Rückstand. Und so geht der Kreislauf, den Sie ja gar nicht wollen, gleich wieder weiter. Gewöhnen Sie sich bei diesen „Altaufgaben" an „Zack und weg!".

Tipp 6: Pünktlichkeit in Meetings

Es ist enorm, wie viel Zeit wir häufig mit Meetings verlieren. Ich meine nicht das Meeting selbst (dass diese manchmal nicht produktiv sind, ist ein eigenes Thema), sondern der Start und das Ende. Viele Meetings beginnen nicht pünktlich, fünf Personen warten auf einen und das geplante Ende scheint nur eine „angedachte Empfehlung" zu sein. Sollten Sie Einfluss auf den Verlauf der Meetings haben, sorgen Sie für eine bessere Meetingkultur. Neben dem pünktlichen Start ist eben auch eine Agenda und deren Einhaltung erforderlich, um ein pünktliches Ende zu gewähren.

Tipp 7: Komprimierte E-Mail-Zeit

Wenn Sie zulassen, dass E-Mails während des ganzen Tages auf Sie hereinprasseln, dann kann es sein, dass Sie dadurch sehr häufig abgelenkt werden und aus laufenden Arbeiten herausgerissen werden.

Gewöhnen Sie sich an, Mails nur an einem festen Zeitpunkt pro Tag zu bearbeiten.

Dieser kann täglich variieren, er muss ja nur individuell festgelegt werden. Aber vor allem, begrenzen Sie das Zeitfenster.

Legen Sie fest, z.B. maximal eine Stunde an den Mails zu arbeiten. Sie werden dadurch wesentlich effizienter, denn wenn Sie wissen, dass die Zeit begrenzt ist, werden Sie systematischer und schneller mit der Bearbeitung vorangehen. Dies gilt allerdings nicht für Smartphones. Denn hier ist es eher praktisch, manche Mails auch von unterwegs schnell zu erledigen, wenn Sie Wartezeiten bei Terminen haben, oder sich bei einer Fahrt auf dem Beifahrersitz befinden. Dann kann man die Zeit tagsüber oft wertvoll nutzen.

Tipp 8: E-Mails kürzen

Dieser Tipp lässt sich bei größeren Unternehmen oft nur schwer auf den gesamten Mailverkehr umsetzen, da hierfür eine Entscheidung „von oben“ fällig wäre.

Sie können dies aber sehr gut mit den Menschen vereinbaren, mit denen Sie in sehr häufigem Kontakt stehen. Und zwar: Formulieren Sie kurze Nachrichten bzw. Antworten komplett in der Betreffzeile. Dadurch braucht Ihr gegenüber die Mail gar nicht mehr zu öffnen. Enden Sie mit dem Kürzel „eom“ (end of message) und der andere weiß Bescheid. Dies sieht dann in der Betreffzeile folgendermaßen aus:

Danke für die Erledigung! (eom)

8

Zeit für mich, Familie, Freunde
„Du bist nicht so wichtig, wie Du denkst!“

Hugo Hamster, in der Familie und im sozialen Umfeld:

Was interessiert es das Weltall?

„Du bist nicht so wichtig, wie Du denkst.“ Das ist natürlich ein provokanter Satz. Aber mir hilft es manchmal zu sagen: Was interessiert es das Weltall, ob ich dies oder jenes jetzt tue oder nicht? Oder noch krasser: Was interessiert es das Weltall, wenn ich morgen nicht mehr existieren würde? Und die ernüchternde Antwort: nichts, aber auch wirklich gar nichts! Die Planeten würden sich weiterdrehen und die Sonne würde wieder aufgehen.

Manchmal ist es ganz wertvoll, all das, was man in seinem Kopf hat, in die richtige Relation zu bringen. Sich klarzumachen, ich bin nicht der Mittelpunkt des Universums, also: „Ich bin nicht so wichtig!“ Und schon betrachtet man die Dinge anders.

DAS IST SCHON IRRE, WENN MAN BEDENKT...DIE STERNE DA OBEN SIND SOOO WINZIG, UND ICH BIN SOOO GROSS!

Entspricht das meinem Anspruch?

Sie erinnern sich, zu Beginn habe ich darüber gesprochen, welche Vorteile es mit sich bringt, hin und wieder das Hamsterrad zu verlassen. Sich von außen zu betrachten. Und eines der wertvollsten Dinge ist, sich zu fragen: Bin das ich? Entspricht das meinen Werten, entspricht dies meinem Anspruch? Und Hugo Hamster möchte in diesem Kapitel gerne zwei Bereiche einmal von außerhalb betrachten – und zwar zum einen Familie und soziales Umfeld, bei dem es um den zwischenmenschlichen Dialog geht, und zum anderen das Thema Zeit und Zeitqualität. Womit wir Zeit verbringen, was wir mit der Zeit anfangen, was uns wirklich wichtig ist.
Zunächst zum Thema Dialog eine Geschichte, die ich beim Skifahren erlebt habe.

Der „korrekte Papa" im Skiurlaub

Als ich einige Tage beim Skifahren war und am Abend beim Essen saß, konnte ich am Nachbartisch eine Familie beobachten: Papa, Mama, Oma und zwei Kinder. Eines Abends kam die Tochter, ich schätze zwischen elf und zwölf Jahre alt, an den Tisch zum Vater und rief voller Begeisterung: „Papa, heute darf ich neben Dir sitzen", denn der Rest der Plätze war noch frei. Die Antwort: „Nein, auf dieser Seite des Tisches ist nur für Erwachsene eingedeckt." Sie hätten den Gesichtsausdruck des Kindes sehen müssen. In diesem Augenblick hat der Vater gar nicht wahrgenommen, was für einen Stoß er diesem kleinen, zarten Kinderherzen versetzt hat. Nur weil auf der einen Seite des Tisches Platzteller für Erwachsene und nicht für die Kinder waren. Ich denke, es

wäre ein Einfaches gewesen, die Teller auszutauschen, damit die Tochter neben ihrem geliebten Papa hätte sitzen können.

Hugo Hamster im Familienalltag

Und jetzt frage ich Sie: Wenn der Papa in diesem Moment aus seinem Hamsterrad herausgegangen wäre, wenn Hugo Hamster von außerhalb daraufgeschaut hätte, dann denke ich, hätte er anders gehandelt. Gerade bei einem Kind mit elf, zwölf Jahren wäre er möglicherweise ein paar Jahre später sehr, sehr froh, wenn sich sein Kind neben ihn setzen möchte. Die Frage ist also: Wie spreche ich mit den Menschen, die mir wichtig sind, wie gehe ich mit ihnen um, was für Dinge löse ich durch meine Kommunikation aus? Lassen Sie hier Hugo Hamster mal ganz kritisch über die Schulter schauen – gerade in diesem privaten Bereich in dem Dialog, in dem Kommunikation so wichtig ist.

Wie spreche ich mit den Menschen, die mir wichtig sind?

Per Autopilot in die Unzufriedenheit

Nicht nur im Beruf, sondern auch im Privatleben haben wir immer mehr die Situation, dass viele Kanäle auf uns einfließen. Alle wollen unsere Zeit. Es fängt im Internet bei den verschiedensten Social-Media-Plattformen an und hört beim letzten E-Mail-Check am Abend auf.
Die Menschen sitzen immer mehr vor ihrem Computer. Ich kann mich noch so gut erinnern, wie meine Tochter einst stolz verkündete: „Papa, jetzt habe ich 100 Freunde bei den Lokalisten." Und ich bin selbst oft Op-

Langfristig produzieren wir Unzufriedenheit

fer der „Ich-muss-noch-meine-E-Mails-checken“-Attacke. Aber ist das wirklich alles wichtig? Oder vielleicht auch schon Automatismus? Wir befinden uns auch im Privatleben manchmal so in Automatismen, dass wir nicht mehr merken, wenn wir die wertvollen Menschen um uns herum vernachlässigen. Langfristig produzieren wir dadurch möglicherweise Unzufriedenheit bei uns selbst und in unserem Umfeld. Meine Tochter hat mittlerweile mehrere 100 Freunde in den verschiedenen Internetportalen. Aber sie geht heute anders damit um und konzentriert sich auf wenige, wertvolle Freundschaften und Bekanntschaften. Mir selber gelingt es mittlerweile auch immer häufiger, der Attacke „Ich muss noch meine Mails checken“ zu entkommen. Aber nur aus einem einzigen Grund: „Ich will raus aus dem Hamsterrad, ich muss meine Mails nicht checken, und ich muss auch heute nicht an den PC, um heute mit meinen 100, 200 oder 300 Freunden auf Facebook, Lokalisten oder wo auch immer Kontakt zu halten.“ Mir ist heute Lebensqualität wesentlich wichtiger als E-Mails checken.
Sie erinnern sich wahrscheinlich noch an das Pareto-Prinzip aus Kapitel 4. Hier nun eine kleine Übung, damit wir dieses Prinzip mal in Bezug auf unser Privatleben anwenden.

Die erste Frage: Welche 20 % der Menschen in meinem Bekanntenkreis sind für mich wirklich wertvoll und wichtig und letztendlich für mein privates Glück und meine Zufriedenheit ausschlaggebend? Nennen Sie hier diese Personen namentlich (Sie werden feststellen, dass die wirklich entscheidenden Menschen gar nicht so viele sind):

____

____

____

____

Die zweite Frage: Welche 20 % meiner Aktivitäten in meiner Freizeit halten mich am stärksten davon ab, um mit den 20 % meiner wertvollsten Menschen die Zeit zu verbringen?

____

____

____

____

Wenn wir jetzt Klarheit darüber gewonnen haben, was uns wirklich wichtig ist und mit wem wir unsere Zeit verbringen möchten, dann ist es möglicherweise notwendig, genau jetzt ein paar schmerzhafte Entscheidungen zu treffen. Sich möglicherweise von der einen oder anderen Situation zu verabschieden, um mehr Qualität ins Leben zu bringen.

Sie entscheiden, mit wem Sie sonntags Kaffee trinken

In einem meiner Seminare haben wir mal über Zeitumgang und Zufriedenheit gesprochen und ein Teilnehmer hat angemerkt: „Also, ich kann doch nicht selber entscheiden, wer bei mir am Sonntagnachmittag beim Kaffee sitzt." Aber das ist nicht richtig, denn Sie können das durchaus selber entscheiden. Die Frage ist zunächst: Wenn bei Ihnen Personen am Tisch sitzen, mit denen Sie die Zeit gar nicht verbringen wollen, handelt es sich dabei um Ihren Partner oder Ihre Kinder?" Wenn das nicht der Fall ist, können Sie entscheiden, mit wem Sie Sonntagnachmittag Kaffee trinken. Es mag sein, dass es einige schmerzhafte Entscheidungen erfordert, es mag sein, dass es vielleicht das eine oder andere unangenehme Gespräch erfordert, aber: Ihre Zeit ist Ihr Leben! Und wenn Sie mit jemandem Zeit verbringen, dann verbringen Sie damit Ihr Leben unwiederbringlich. Möglicherweise gibt es hier Dinge, die man ändern kann. Geh raus aus dem Hamsterrad, frage nur: „Hey, was mache ich da? Bin das ich? Will ich so leben?"

Tipp 1: Verbringen Sie „bewusst“ Zeit miteinander

Je nachdem, ob Sie jetzt an den Partner denken oder an Ihre Kinder. Schaffen Sie sich Zeitphasen, in denen Sie ganz bewusst Zeit miteinander verbringen und keine Ablenkung vorhanden ist. Und Sie können sich gar nicht vorstellen, wie einfach das ist: Computer aus! Handy aus! Fernseher aus! Und schon sind Sie „alleine“. Wenn Sie jetzt nichts miteinander anzufangen wissen, sollten Sie schleunigst daran arbeiten. Wenn Sie es wirklich wollen und die Zeit plötzlich dafür da ist, wird Ihnen bestimmt einiges einfallen. Eines ist sicher, wenn Sie es realisieren, steigt die Lebensqualität.

Tipp 2: Verbringen Sie „bewusst“ Zeit mit sich selbst

Auch Zeit für sich selbst ist ein wichtiger Faktor für Lebensqualität. Sollten Sie sich in einer Situation befinden, in der Sie durch Partner oder Kinder permanent jemanden um sich haben, dann kann es möglicherweise wertvoll sein, auch dies bewusst zu verändern und gezielt Zeit für sich zu finden (dies gilt im Übrigen für beide innerhalb einer Partnerschaft). Geben Sie sich gegenseitig freie Zeit. Früher bekamen Sie Taschengeld – geben Sie sich jetzt in der Partnerschaft „Taschenzeit“. Vielleicht klappt

es, dass man jede Woche einen Abend hinbekommt. Egal. Entscheidend ist, dass Sie Zeit für sich haben, in der Sie einfach machen, wozu Sie ganz alleine Lust haben.

Tipp 3: Uhrenfreie Zeit
Es gibt Menschen, die sehen alle paar Minuten auf die Uhr. Unterbewusst meinen wir damit, dass wir die Zeit im Griff haben. In Wirklichkeit ist es andersherum: Die Uhr beherrscht Sie. Legen Sie zumindest in der Freizeit hin und wieder Ihre Uhr ab. Sie können es in ganz entspannten Momenten trainieren und wenn Sie das positive Gefühl erst einmal kennengelernt haben, wird es sich vielleicht sogar auf andere Bereiche ausweiten. Oftmals zeigt man durch eine teure Uhr Luxus. Der neue Luxus ist es: ohne Uhr durch den Tag.

9

Körperbewusstsein – Hugo Hamster mit der Röntgenbrille

Der Essens-Autopilot: Hugo Hamster und sein Körper

In Bezug auf unseren Körper gibt es in erster Linie einige Hauptthemen, und zwar Ernährung, Bewegung, sowie Rauchen und Trinken. Stellen Sie sich mal Folgendes vor: Unser Grundgedanke zum Thema Bewusstheit heißt, ich betrachte eine Situation von außen und beobachte genau, was passiert. In Bezug auf Ernährung wäre es ein interessanter Gedanke, wenn Sie sich vorstellten, Sie könnten sehen, was verschiedene Nahrungsmittel in Ihrem Körper bewirken. Sie hätten also eine Art Röntgenbrille, die Ihnen ermöglicht, genau zu beobachten, was die verschiedenen Nahrungsprodukte in Ihrem Körper anstellen. Sie könnten beobachten, wie sich die im Fett gebadeten Pommes direkt auf den Weg machen zu Ihren Hüften, um dort einige Fettzellen mit Inhalt zu füllen. Und jetzt können Sie noch erkennen, dass diese nicht alleine sind, sondern mit Höchstgeschwindigkeit verfolgt werden von den Begleitern Mars und Snickers. Gleichzeitig wäre es Ihnen möglich wahrzunehmen, wie wertvolle Nährstoffe Ihren Stoffwechsel fördern und sich hervorragend mit Ihrer Muskulatur verstehen und diese zur Leistungsfähigkeit anregen.

Was die verschiedenen Nahrungsmittel in Ihrem Körper anstellen

Die Frage ist, würde es einen Einfluss auf unser Verhalten haben? Vielleicht würden wir das eine oder andere in unserer Ernährung bewusster machen. Allerdings ist das Thema Ernährung noch ein ganz anderes. Wenn man Hugo Hamster fragt, dann sieht er es schon eine

Essen gar nicht wahrnehmen

Stufe vorher beginnen. Denn viele von uns sind vom Automaten so gesteuert, dass sie in manchen Situationen schon gar nicht mehr merken, wenn sie essen. Damit ist nicht das Abendessen mit Freunden gemeint, sondern der Griff in die Süßigkeitenschachtel, ganz schnell, während des Vorbeigehens. Die Schale Gummibärchen, die am Tisch steht. Das heißt also, ich muss beim Essen damit beginnen, mir überhaupt bewusst zu machen, dass ich esse. Gehen Sie mal gedanklich in die Situation: Sie sitzen auf dem Sofa, neben sich eine Tüte Chips. Essen Sie die bewusst?

Menschen mit Übergewicht essen oft nicht bewusst, sondern auch hier ist der Automat die treibende Kraft. Ich war mal mit Freunden in einem Restaurant und der Mann des Pärchens hat mir eineinhalb Stunden vorher erzählt, dass er gerade dabei ist, abzunehmen. Wir haben also dort gegessen, waren gut gesättigt und dann kam der Ober, um uns einen Nachtisch anzubieten. Ich hatte zwar nicht den Vorsatz abzunehmen, aber in meiner Bewusstheit habe ich mir von außen zugesehen und mir gesagt, es ist genug, Du brauchst keinen Nachtisch. Mein Bekannter hingegen, der eigentlich abnehmen wollte, hat sich ein richtig schönes, tolles Tiramisu bestellt. Ich habe mich gefragt, ob er sich dessen bewusst war, was er gerade machte? Wenn er sich in diesem Moment von außen betrachtet und die Pause-Taste gedrückt hätte, hätte er gesagt: „Hey, ich habe vor zwei Stunden erzählt, ich möchte abnehmen. Und ich bestelle gerade ein Tiramisu.“ Essen Sie, was Sie wollen, aber machen Sie sich‘s bewusst, schauen Sie sich dabei zu. Wenn Sie Ihre Chips haben wollen, dann essen Sie diese, aber überlegen Sie sehr bewusst, wann, wie oft,

wie häufig. Und das ist es. Der Moment, wo wir im Automatismus sind, wo der Automat den Knopf drückt. In dem Moment tue ich mich schwer, damit aufzuhören. Und das ist ähnlich bei Dingen wie Rauchen oder Alkohol trinken. In dem Moment, wo ich von außen auf meinen Körper schaue und dabei beobachte, wie das Nikotin in meinem Körper zu arbeiten beginnt, habe ich Bewusstheit. Und dann kann ich entscheiden, will ich so weitermachen oder nicht. Bin das ich? Oft merkt man allerdings nicht, in welchen Gewohnheiten man steckt, merkt nicht, dass man diese Abläufe völlig automatisiert wiederholt.

Um hier Veränderung, Entwicklung zu erreichen, ist der erste Schritt Bewusstheit.

Entscheiden Sie sich für Bewegung – oder dagegen!

Wenn Hugo Ihnen in punkto Bewegung mal über die Schulter schaut und die Frage stellt: „Bin das ich?" – was sieht er dann? Falls Sie dem Club „Ich müsste mal mehr Sport machen" angehören und es derzeit aber nicht tun, dann könnte diese Frage sehr interessant sein. Während Sie gemütlich auf dem Sofa sitzen, mal kurz den Blick auf die Schulter zu werfen und dann Hugo zu fragen: „Wie sieht das aus?" Ich könnte mir vorstellen, wenn Sie sich jetzt wirklich kritisch mit sich auseinandersetzen, Ihre Wunschvorstellung ins Bewusstsein holen, dass dann etwas in Ihnen passiert. Sie werden unruhig! Und genau das ist es, was wir benötigen, um ins Handeln zu

Sich beunruhigen, um etwas zu verändern

kommen. Wir müssen uns manchmal einfach beunruhigen, wenn wir etwas verändern wollen. Wir kennen aus der Wirtschaft die Situation, dass Unternehmen oft erst reagieren, wenn der „Leidensdruck" hoch ist. Handeln Sie vorher, indem Sie sich selbst Ihre „Unruhe" verschaffen. Warten Sie nicht darauf, bis der Leidensdruck da ist. Was ist der Leidensdruck bei uns als Mensch? Er zeigt sich in Form von Rückenproblemen, Schlaganfall, Herzinfarkt, Bluthochdruck und weiteren Zivilisationskrankheiten, sowie psychosomatischen Problemen wie Burnout etc. Dies alles sind Dinge, die sich nicht besonders wünschenswert anhören, sich wahrscheinlich nicht in Ihren Wunschvorstellungen wiederfinden. Deshalb empfehle ich Ihnen, horchen Sie mal auf Hugo, welche Wunschvorstellung Sie denn von dem Thema Bewegung haben. Ich will Ihnen hier nichts aufs Auge drücken, denn Sie haben selbst eine Vorstellung davon, wie viel Bewegung Sie gerne haben würden. Es genügt, wenn Sie Ihre eigene Wunschvorstellung realisieren. Und schon, während Sie das jetzt lesen, kommt wieder das Hamsterrad ins Spiel: „Wann soll ich denn das machen?" Die Antwort ist einfach: Ist es Ihnen wichtig? Wenn ja, dann lernen Sie anderswo Nein zu sagen und schon haben Sie Zeit. Wenn nein, dann leben Sie so weiter, aber bitte ohne schlechtes Gewissen. Treffen Sie eine Entscheidung, handeln Sie danach und fühlen Sie sich wohl.

Realisieren Sie Ihre Wunschvorstellungen

„Wenn Du Dich unwohl fühlst, triff eine Entscheidung!“

Dieser Leitsatz begleitet mich schon über 20 Jahre und er hat mir schon bei vielen Veränderungen geholfen, sowie Klarheit für unzählige Situation verschafft. Letztendlich liegt die Lösung für fast alle „ungünstigen“ Lebenssituationen im bewussten Entscheiden. Sobald ich mich dazu zwinge klar zu entscheiden, muss ich mich mit den Folgen und Konsequenzen dieser Entscheidung auseinandersetzen. Und wenn ich dies bewusst und proaktiv mache, dann kann ich abwägen, welchen Weg ich gehen will. Ich kann mich ganz bewusst dafür entscheiden, keinen Sport zu machen. Es muss mir dabei aber bewusst sein, dass ich dafür einen „Preis“ bezahle. Ich bin körperlich nicht so fit, dies kann Auswirkungen auf den Stoffwechsel haben, ein höheres Risiko von Zivilisationskrankheiten auslösen. Wenn ich bereit bin, diesen Preis zu bezahlen, dann kann ich doch total entspannt leben. Wenn ich aber nicht bereit bin, dann muss ich wiederum entscheiden, etwas zu verändern. Vom Grundsatz her sehr einfach. Im Alltag wird aber oft nicht bewusst entschieden, sondern unterbewusst gehadert.

Welchen „Preis“ bezahle ich?

Bewusstheit schafft Energie für Veränderung

Ich sollte …, aber doch nicht … usw. Deshalb machen Sie sich klar, dass Unwohlsein einfach häufig von Unentschlossenheit kommt. Wenn wir aber klar entscheiden, dann können wir in uns diese Unruhe erzeugen, um Dinge zu verändern. Bewusstheit schafft Energie für Veränderung. In dem Moment, wenn es nicht mehr automatisch aufs Sofa geht, in diesem Augenblick, wenn man nicht mehr automatisch zum Essen oder zur Zigarette greift, in dieser Phase, werde ich wach und erst jetzt kann ich klar entscheiden. Haben Sie kein schlechtes Gewissen. Nein. Machen Sie es sich einfach bewusst, ohne schlechtes Gewissen, aber schauen Sie sich dabei zu und stellen Sie sich immer wieder die Frage: Bin das ich, will ich das so?

10

Hugo Hamster zieht Bilanz

Zusammenfassung und Alltagstipps

Eingangs haben wir über die Mechanik des Hamsterrades gesprochen. Wir treten eine Sprosse und schon ist die nächste da. Je schneller wir treten, umso schneller müssen wir mitmachen. Die entscheidende Frage ist hierbei: Muss man wirklich? Immer dann, wenn Sie sich im Hamsterrad fühlen, drücken Sie die Pause-Taste!

Drücken Sie die Pause-Taste!

Schnappen Sie sich dieses Hamsterrad, biegen Sie es auf zu einer Leiter, klettern Sie die Sprossen ganz nach oben und beobachten Sie Ihre Situation aus einer völlig neuen Perspektive. „Leiterblick" ist hier das Schlüsselwort. Stellen Sie sich dann von oben die Frage, ob dies Ihrer Wunschvorstellung entspricht. Wenn es nicht Ihrer Lebensvorstellung gleichkommt, dann sollten Sie sich fragen: Muss ich das wirklich? Wo setze ich mich selber immer wieder unter Druck? Wo erhöhe ich die Geschwindigkeit in dem Hamsterrad, in dem ich sitze? Letztendlich kommt dieses „Ich muss" immer wieder von der Überlegung, noch mehr zu brauchen, noch mehr zu wollen. Laufen Sie nicht den Dingen hinterher, die vielleicht eines Tages gar keine Rolle mehr spielen.

Perspektive: Leiterblick

Muss ich das wirklich?

Reichtum ist auch keine Lösung

Bei den meisten Menschen ist es so, dass sie, wenn sie viel Geld haben, auch viele Kosten haben. Und das bedeutet auch viele Verpflichtungen. Und durch diese vielen Verpflichtungen haben sie eben auch viel Druck.

Glück kommt immer von innen

Und stets kommt dann: „Wenn ich das erreicht habe, dann bin ich glücklich." Vergessen Sie es! Für Glück und Zufriedenheit sind nur Sie zuständig. Ihr Glück kommt immer von innen. Und die sicherste Burnout-Prävention ist: die Pause-Taste drücken, sich von außen zu betrachten, zu formulieren, was man wirklich will, um dann die Situationen zu verändern. Über Selbstverantwortung die Dinge voranzubringen.

Glück kommt von Dir, Glück kommt von innen. In einem Lied von Reinhard Fendrich gibt es die tolle Passage: „Wir haben nichts gehabt, uns hat nichts gefehlt", was so viel heißen soll wie: Damals hatten wir nichts, es hat uns aber auch an nichts gefehlt. Zwanzig Jahre später sitzt man da, im Pelz und Luxusauto, aber starrt sich nur noch nichtssagend an. Das zeigt, den Dingen immer hinterherzurennen, bringt gar nichts. Treten Sie auf die Bremse. Was machen Sie beim Autofahren, wenn Sie zu schnell auf eine Kurve zufahren? Sie bremsen.

Bin das ich, will ich das?

Gehen Sie also raus aus Ihrem Hamsterrad und schauen Sie, ob die Geschwindigkeit, in der Sie das Hamsterrad derzeit drehen, die ist, in der Sie durchs Leben hetzen wollen. Bin das ich, will ich das? Oder hetze ich hier vom einen zum anderen, weil ich glaube, nichts verpassen zu dürfen, oder unbedingt mehr von „etwas" haben zu wollen?

Wie können wir die Dinge jetzt im Alltag verändern?

Es gibt verschiedene Methoden. Die eine ist, über eine gewisse Zeit zu trainieren, der andere Weg sind radikale Veränderungen. Ich selbst bin ein großer Freund

von der Heftpflastermethodik. Wie entfernen wir idealerweise ein Heftpflaster? Mit einem Ratsch. Machen Sie eine radikale Veränderung. Setzen Sie sich hin, entscheiden Sie, was wichtig ist und treffen Sie schmerzhafte Entscheidungen. Bringen Sie Dinge radikal voran und schon nach kurzer Zeit werden Sie sich verdammt gut fühlen. Die andere Möglichkeit ist eben, einfach Schritt für Schritt Dinge zu verändern. Zu üben. Eine wertvolle Übung kann zum Beispiel sein, Nein zu sagen. Nehmen Sie es sich nicht vor. Machen Sie es! Eventuell hilft Ihnen ein Plan, in welchen gezielten Situationen sie zunächst NEIN sagen. Oder Sie setzen sich Erinnerungen ins Handy: Nicht vergessen: NEIN!

Nehmen Sie es sich nicht vor. Machen Sie es!

Mit solch einfachen Mitteln schaffen Sie den Transfer in den Alltag. Denn einer der Hauptgründe, warum wir unser Hamsterrad immer schneller drehen, ist nach wie vor die Unfähigkeit, Nein zu sagen. Fangen Sie deshalb am besten mit diesem Thema sofort an. Die andere Möglichkeit ist, einfach mal drei Tage lang, bei allem, worum Sie gebeten werden, Nein zu sagen. Nur des Trainings willen. Damit Sie lernen, dass Sie es können. Und Sie werden sehen, wenn Sie Nein sagen, in Verbindung mit einer netten Begründung, mögen die Menschen Sie trotzdem.

Herausforderung: Doppelbelastung

Zum anderen weiß ich natürlich, dass es auch viele Menschen gibt, die mit wirklich schwierigen Zeitsituationen zurechtkommen müssen. Sie sind zum Beispiel berufstätig und haben Kinder, müssen sich vielleicht zusätzlich noch um jemand Erkrankten aus der

Familie kümmern. Suchen Sie in dieser Situation nach der richtigen Frage, die Ihnen trotz der widrigen Umstände wieder den einen oder anderen Freiraum verschaffen kann. Formulieren Sie eine Frage, die Ihnen aufzeigt, wo, an welcher Stelle Sie manche Dinge nicht tun müssen. Wo können die Kinder mittlerweile Dinge schon selbst machen, wenn man Ihnen diese Aufgaben überträgt. Ich erlebe wirklich häufig, dass Eltern trotz extrem angespannter Zeitsituationen dem zwölf jährigen noch täglich das Butterbrot schmieren. Dem spricht wirklich nichts dagegen, wenn Sie es genießen und die Zeit dafür haben. Wenn sich die Zeitsituation allerdings ändert und plötzlich eine mehrfache Belastung vorhanden ist, dann sollte man auch darüber nachdenken und solche Bereiche anders organisieren. Überprüfen Sie also, was Sie in Ihrem Alltag nicht unbedingt selbst machen müssen! Zudem gibt es vielleicht sogar Dinge, die gar nicht gemacht werden müssen. Manche Dinge macht man oft nur aus Gewohnheit oder aus irgendwelchen gesellschaftlichen Zwängen, die wir uns ja letztendlich selbst auferlegen. Vergessen Sie dabei nicht das Pareto-Prinzip, welches besagt, dass ein großer Teil von dem, was wir tun, gar nichts bringt.
Es gibt viele Möglichkeiten den eigenen Alltag zu verändern und die Geschwindigkeit aus dem Hamsterrad herauszunehmen. Wir müssen uns nur dafür entscheiden und es beharrlich voranbringen. Wenn Sie es wirklich wollen, funktioniert es auch bei Ihnen. Ich wünsche Ihnen dabei Erfolg und viel Spaß beim „Bremsen".
Ihr

Walter Zimmermann

DANKE

Da ich nun bereits mein drittes Buch veröffentliche, ist es endlich an der Zeit Danke zu sagen. Danke an alle Personen, die mich beruflich und privat, durch die Begegnung mit ihnen zu dem haben werden lassen, wer ich heute bin. Die Erfahrungen und Gespräche haben es ermöglicht, diese persönliche Entwicklung machen zu können.

Dies meine ich von meinen ersten Lebenstagen an bis hin zum heutigen Tage. Wir sind das, was wir sind, durch die Begegnungen mit Menschen. Angenehme sowie unangenehme Erfahrungen prägen uns und lassen uns zu dem reifen, was wir heute sind.

Da ich niemanden bevorzugen und niemanden vergessen möchte, verzichte ich darauf, hier Namen zu nennen. Und weil ich sehr glücklich über mein heutiges Leben bin, möchte ich mich ganz einfach bei allen bedanken, die mir auf diesem Lebensweg begegnet sind.

Danke DIR

Nimm das Steuer selbst in die Hand!

ISBN 978-3-593-38516-7

ISBN- 978-3-941515-06-2

Wie kommt es, dass manche Menschen scheinbar alles erreichen, während andere sich ihr Leben lang vom Schicksal vernachlässigt fühlen? Der eine begreift sich als Gestalter seines Lebens, der andere sieht sich permanent als Opfer der Umstände. Doch Erfolg ist kein Zufall, sonder eine Geisteshaltung, die sich trainieren lässt. Jede Situation birgt Optionen und Chancen. Man muss sie nur sehen Statt bei einem Problem zu fragen >>Wer ist schuld?<<, muss die Frage lauten >> Was kann ich tun?<<. Walter Zimmermann liefert in diesem Buch konkrete Strategien und zahlreiche Tipps, wie Sie Ihre Chancen erkennen und damit Ihren persönlichen Erfolg steuern können.

ISBN 978-3-89749-433-6

Erhöhen Sie ihren Wirkungsgrad

ISBN 3-905357-57-7

Effizienz sorgt dafür, dass wir rationell vorgehen, also vorhandene Ressourcen wie Zeit, Geld und Arbeitsaufwand so wirkungsvoll wie möglich einsetzen. Vielfach liegt der Fokus heute auf der Effektivität und damit auf der Zielsetzung, Während die Effizienz - die Art und Weise, wie die Ziele erreicht werden – oft vernachlässigt wird. Im heutigen Arbeitsleben muss aufgrund des steigenden Kostendrucks

von immer weniger Menschen eine immer höhere Leistung erbracht werden. Dies ist im Prinzip nur über eine Steigerung der Effizienz möglich.